경제발전의 이해

김용원 저

대구대학교출판부

An Introduction to Economic Development

Kim, Yong-Won

Department of Economics Daegu University

국립중앙도서관 출판시도서목록(CIP)

경제발전의 이해 / 김용원 저. -- 경산 : 대구대학교출판부, 2009
p. ; cm
참고문헌과 색인 수록
ISBN 978-89-7794-504-3 93320
경제 발전론[經濟發展論]
321.93-KDC4
338.9-DDC21 CIP2009000379

서문

최근 한국경제는 10년 동안 두 차례의 큰 위기를 맞는 기구한 운명에 처해 있다. IMF관리체제라는 사상 초유의 경제위기는 한국사회에 엄청난 충격과 고통을 안겨 주었다. 외국자본에 의해 강요되어 추진되어 온 신자유주의적 구조조정은 오히려 소득분배 왜곡의 심화, 실업의 증대, 고용불안 등을 가져와 대다수의 국민들의 삶은 더욱 피폐해지고 구조조정 자체도 지지부진하여 경제적・사회적 양극화 현상은 심화되는 현상을 가져다주었다.

그로부터 10년이 지난 지금 현재 우리 경제는 어쩌면 당시의 상황보다 더 심각할 수도 있는 경제적 위기에 또 다시 직면해 있다. 이번 경제위기는 미국의 금융위기에서 비롯되어 전 세계 모든 국가들이 그 영향을 벗어날 수 없다는 점에서 그 심각성이 더 크다고 볼 수 있다.

이와 같이 그 어느 때보다도 경제에 대한 관심이 클 수밖에 없는 현실에서 경제발전에 대한 이론과 실체를 종합적이며 체계적으로 쉽게 이해할 수 있는 교재의 제공이 필요하다는 생각이 들어 지난 10년여 맡아온 경제발전론의 강의자료와 연구자료를 바탕으로 서둘러 책을 만들어 내게 되었다.

필자는 다음과 같은 몇 가지 점에 유념하면서 이 책을 저술하였다

첫째, 본서는 경제발전론을 처음 접하는 독자들을 위한 입문서이자 대학강의용 교재라는 점에 유의하여 이해하기 쉽게 저술했다.

둘째, 기존의 저술들이 너무나 분량이 많아 학생들을 혼란스럽게 하는 것 같아 필자는 경제발전론과 관련된 기본적인 핵심사항들만 간단명료하게 표현하고자 노력했다.

셋째, 한국의 경제발전 과정을 비교적 소상하게 다루어 독자들로 하여금 한국의 경제현실을 정확하게 이해할 수 있도록 배려했다.

이 책의 발간까지는 많은 분들의 도움이 있어 이 자리를 빌어서 감사드리고 싶다. 우선 필자에게 올바른 학자의 길을 깨우쳐 주셨던 나의 스승 독일의 독일 Frankfurt대학교 Gerd Fleischmann 명예교수님께 깊이 감사드리며, 도표작성・편집・교정작업에 소중한 시간을 기꺼이 할애해 준 경제학과 대

학원생 김남희, 김영덕, 이도건 군 그리고 이 책을 출판해 주신 대구대학교 출판부 관계자들에게도 감사드린다.

마지막으로 이 책의 부족한 부분에 대한 독자 여러분들의 기탄없는 비판과 충고를 기대한다.

2008년 12월 저 자

차례

제 3 장 저개발국 경제

제 4 장 경제발전의 이론

그림 차례

표 차례

제 1 장

경제발전론의 기초개념

Ⅰ. 경제발전론

Ⅱ. 경제발전의 개념

Ⅲ. 경제발전의 역사적 경험

Ⅰ. 경제발전론

1. 경제발전론의 개념

경제발전론(theory of economic development)은 개발도상국 또는 후진국이 처해 있는 경제발전의 문제를 포괄적이면서도 체계적으로 다루는 학문, 즉 개발도상국의 후진성, 저개발의 원인분석, 경제발전을 이루기 위해 필요한 경제정책 등을 제시하고자 하는 경제학의 한 분야로 선진국의 장기간에 걸친 경제성장의 경험에서 나타난 특징적인 사실들을 구명하려는 경제성장론(theory of economic growth)과는 구별된다.

즉 경제성장론이 경제과정을 경제의 양적 확대 과정을 중심으로 다루는데 반하여, 경제발전론은 경제과정을 양적 확대뿐만 아니라 질적(구조적) 변화까지도 포함하는 과정으로 파악한다.

그러나 최근 경제학에 있어서 이 양자는 그다지 엄격하게 구분하지 않는 경향이 있다. 그 이유는 경제성장의 과정은 한편으로는 노동력 투입의 증대, 자본축적, 기술혁신, 신상품의 발명, 신자원의 개발, 조직의 개선 등과 같은 공급구조의 변화, 그리고 다른 한편으로는 인구의 규모와 구조의 변동, 기호의 변화, 조직의 개선 등과 같은 수요구조의 변화를 불가피하게 수반하기 때문이다.

경제발전론에서 다루는 주요 내용은 다음과 같다.

- 경제발전론의 기초개념
- 경제발전의 역사적 전개과정, 저개발국의 개념과 특징
- 중상주의, 고전학파, 신고전학파, 케인스학파 등의 전통적 경제발전이론과 역사학파, 마르크스, 슘페터(J.A. Schumpeter), 로스토(W.W. Rostow), 종속이론 등의 비전통적 경제발전이론
- 자본축적, 인적자원, 기술진보 등이 경제발전에 미치는 영향
- 성공적인 경제발전의 대표적 사례인 한국경제의 발전과정

2. 경제발전론의 의의

경제발전론이 경제학의 한 분야로서 여전히 의미를 갖는 이유는 저개발국의 경제를 설명하는데 있어서 전통적 **주류경제학(main stream economics)** 이[1] 갖는 다음과 같은 한계와 문제점 때문이다.

첫째, 주류경제학은 완전고용을 가정하고 있으며 실업의 존재를 인정하는 케인스경제학에서도 실업은 단순한 유효수요의 부족으로만 설명되어지고 있는데, 이것만으로는 저개발국의 실업현상을 설명하는데 한계가 있다.

둘째, 주류경제학은 후생극대화를 다루고 있지만, 소득과 부의 분배상태는 고려하지 않는 경향이 있다.

셋째, 주류경제학에서는 사회전체를 개인의 단순합계 또는 수평적 결합으로 보고 있지만, 저개발국의 현실은 계급간 또는 계층간 폭 넓은 수정과 조정을 필요로 한다.

넷째, 주류경제학은 좁은 의미에서의 경제적 효율을 중시하고 이의 극대화는 시장기구, 즉 가격의 기능을 통해 이루어지는 것으로 보지만, 저개발국에서는 구조적 왜곡으로 인해 시장이나 가격이 제 기능을 발휘하지 못하는 경우가 많다.

---

1) 주류경제학은 고전학파로부터 시작해 신고전학파, 케인스학파로 이어지는 경제학의 지배적인 흐름을 의미한다. 반면 이와 같은 주류경제학을 비판하는 독일의 역사학파, 마르크스경제학, 미국의 제도학파, 종속이론 등을 비(非)주류경제학이라고 한다. 비주류경제학의 종류는 매우 다양하며 각기 다른 특징을 지니고 있어 일률적으로 규정하기는 어렵지만, 굳이 이들 사이의 추상적인 공통점을 지적한다면 바로 주류경제학이 신뢰하고 있는 시장기구에 대한 비판이라고 할 수 있다. 보통 마르크스의 경제학을 주류경제학과 대비되는 비주류경제학이라 칭한다. 그러나 이들 주류경제학과 비주류경제학은 애덤 스미스(A. Smith), 리카도(D. Ricardo), 밀(J.S. Mill) 등으로 대변되는 고전학파경제학이라는 같은 뿌리에서 나왔다는 사실을 명심해야 한다. 고전학파경제학의 기본적인 전제로서 크게 두 가지 정도 들 수 있는데, 하나는 노동가치설이이며 다른 하나는 자본주의시장경제체제에 대한 옹호론이었다. 전자를 바탕으로 해서 거기에 변증법적 접근방법과 유물사관, 특이한 자본주의관 그리고 사회주의에 대한 신봉(信奉)이 혼합되면서 마르크스(K. Marx), 카우츠키(K.J. Kautsky), 레닌(V.I. Lenin), 힐퍼딩(R. Hilferding), 룩셈부르크(R. Luxemburg) 등으로 연결되는 비주류 마르크스경제학이 성립되었다. 후자의 경우 한계개념의 도입과 함께 신고전학파를 형성했으며 케인스의 등장 이후 여러 학파들이 난립했으나 결국 하나의 주류를 형성했다고 볼 수 있다.

한계적 분석에 치중되어 있는 주류경제학(특히 신고전학파 경제학)은 구조적(질적) 개선을 중요시하는 경제발전론에 적합하지 않은 경우가 많다. 따라서 경제발전론은 정치경제학과 같은 비주류경제학적 접근도 필요로 한다.

주류경제학이 시장기구를 통한 자원의 최적배분 그리고 재화와 용역의 증대와 다양화라는 접근을 취하는데 비해 정치경제학은 '어느 누구에게 경제적 이익이 귀속되는가?' 라는 문제를 중시하여 이에 영향을 주는 경제적・사회적・정치적・제도적 요인에 관심을 두고 있다. 여기에는 세계체제하에서 저개발국에 대한 선진국의 영향과 이에 따른 저개발국 내부구조의 변화에 대한 연구도 당연히 포함된다. 따라서 경제발전론은 경제학의 한 분야이면서도 경제학의 종합적인 응용분야이다. 그리고 전통적인 주류경제학뿐만 아니라 정치경제학적 접근까지도 포함하는 독특하면서도 매우 중요한 학문으로서의 의의를 갖는다고 볼 수 있다.

3. 경제발전론의 형성과 전개

1950년대 초에 이르러 독립된 경제학의 한 분야로 형성된 경제발전론의 기원은 식민지체제하에서 선진국이 식민지를 관리하기 위한 목적으로 전개했던 **식민지경제학(colonial economics)**으로 보는 것이 일반적이다. 식민지인 저개발국을 관리하고 수탈하기 위해서는 식민지의 경제를 양적으로 뿐만 아니라 구조적으로도 분석할 필요가 있었기 때문에, 이러한 역할을 담당한 식민지 경제학을 경제발전론의 기원으로 간주할 수 있는 것이다.

식민지 경제학을 기원으로 한 경제발전론은 제2차 세계대전 이후 동・서 냉전시기에 신생독립국의 경제발전이 없이는 이들의 사회주의화를 방지하기 어렵다는 사고에 근거하여 **경제계획(economic planning)**의[2] 개념이 가미되어

---

2) 국가가 지향하는 경제에 관한 목표와 거기에 이르는 과정을 정한 계획을 의미하는데, 사회주의적 경제계획과 자본주의적 경제계획으로 나뉜다. 자본주의경제체제하에서 경제계획이 실제로 작성된 것은 제1차 세계대전 후인 1920년대부터이다.

선진국에 의한 저개발국의 개발을 모색하는 학문으로서 다음과 같은 전개과정을 겪게 된다.

3.1. 원조성장론

경제적 **원조(援助)**는 선진국이 약소국이나 개발도상국에 대하여 자본이나 기술을 무상 또는 유상으로 제공하는 것으로 제2차 세계대전 이후 세계 경제에서 두드러지게 나타나게 되었다. 이러한 상황 하에서 자본이 절대적으로 부족한 저개발국이 선진국의 원조를 효율적으로 활용함으로써 저개발국의 경제성장과 경제발전을 도모한다는 사실을 기조로 하는 원조성장론이 1950년대를 풍미하게 된다.

원조라는 것은 일반적으로 선진국의 약소국에 대한 인도주의적 차원의 시혜라는 성격을 띠지만, 현실적으로는 원조의 제공국이 원조를 받는 국가의 정치, 경제, 군사 등 광범위한 영역에 대한 개입과 간섭을 목적으로 하는 경우가 많다. 우리나라의 경우도 해방과 분단 그리고 한국전쟁의 과정에서 경제위기를 겪을 수밖에 없어 미국으로부터 대규모 원조를 제공받아 경제적으로 큰 도움이 된 것은 사실이다.

그러나 이러한 대규모 원조의 제공은 냉전체제하에서 저개발국이 심각한 빈곤으로 사회주의권에 편입되는 것을 우려한 미국의 정치적 의도가 다분히 내포된 결과로서 이후 미국은 한국의 정치, 경제, 군사 등의 영역에 큰 영향을 미치게 된다.

3.2. 근대화론과 종속이론

경제발전론은 1960년대에 이르러 뚜렷하게 대비되는 두 개의 흐름으로 전개된다. 하나는 신고전학파적 입장으로서 **원조성장론**에서 이어지는 근대화론이고, 다른 하나는 정치경제학의 시각에서 본 종속이론이다.

근대화론(modernization theory)은 1950년대의 원조성장론과 연계되면서도 이에 대한 현실적인 반성과 내재적인 비판을 통해 발전된 것으로 선진국의 원조에도 불구하고 저개발국의 경제발전이 별다른 성과를 거두지 못하게 됨에 따라 원조성장론의 현실적 유용성이 부정되면서 나타났다.

근대화론은 원조를 통한 자본의 투입에도 불구하고 경제발전(소득증대)이 제대로 이루어지지 못하는 이유로 저개발국이 여전히 전(前)근대적인 요소를 강하게 갖고 있다는 점을 지적하며 경제발전을 위해서는 단순히 투자만 할 것이 아니라 전근대적 사회를 근대화시키는 노력이 필요하다는 점을 강조했다. 저개발국의 근대화를 위해서는 정치적으로는 안정, 경제적으로는 산업화, 사회・문화적으로는 서구의 합리적인 가치체계의 도입 등이 필수적이라는 것이 근대화론의 핵심이다.

이 가운데 산업화는 경제발전과 동일시되고 이것은 다시 급속한 경제성장을 달성하기 위한 전략이 된다. 농업의 비중이 큰 저개발국에서는 투자가 이루어진다고 하더라도 경제성장의 성과가 작을 수밖에 없으므로 산업화를 추진함으로써 성장의 성과가 커짐과 동시에 근대적인 사회로 전환된다는 것이다. 한국을 비롯한 많은 저개발국들의 산업화 과정에서 서구화가 진행되는 한편 정치적 안정을 이유로 군부독재가 자행되어 온 것도 이러한 근대화론적 시각과 무관하지 않다.

종속이론(dependency theory)은 1950년대 말 바란(P. Baran)으로부터 1960년대 초 프레비시(R. Prebisch)를 거쳐 1960년대 후반 프랑크(A.G. Frank)에 이르러 또 하나의 큰 흐름으로 자리 잡게 되었다. 종속이론은 근대화론이 서구 중심적 시각에서 저개발국의 경제발전을 낙관적으로 보는 것을 비판하며 서구의 경제발전이론이 남미의 분석에는 적합하지 않다고 보고 그 대안으로 남미 여러 나라의 경험을 기초로 하여 저개발국 학자들 스스로에 의해 주도된 것이라는 사실에 큰 의미가 있다.

종속이론에는 여러 갈래가 있어서 일치된 견해가 존재하지 않고, 저개발국의 저발전의 요인을 외부적인 것에서만 찾으며, 국가의 능동적인 역할에 의해 경제발전을 달성한 경우를 설명하지 못한다는 등의 비판을 받고 있으나 종속이론적 시각에서 본 경제발전론의 핵심은 다음과 같이 요약될 수 있다.

첫째, 저개발의 원인을 선진 자본주의의 발전과 그들 국가의 식민지 지배에 의한 희생의 결과로 보고 있다. 즉 선진 자본주의국가의 발전은 저개발국에 대한 경제적 잉여를 수탈하면서 이루어졌고, 그 결과 저개발국은 경제적 정체와 구조적 파행을 겪게 된다는 것이다. 이는 근대화론이 저개발의 원인을 저개발국 내부의 구조적 요인으로 파악하고 있는 것과 정면으로 대립된다.

둘째, 식민지체제에서 벗어난 이후 현재에 이르기까지도 선진국(중심부)은 수탈에 편리하도록 저개발국에 국제분업체계를 강요하여 저개발국(주변부)의 경제 · 사회구조를 왜곡시키고 있다고 본다. 즉 저개발국은 선진국과 대등한 관계가 아니라 종속적인 불평등 관계에서 경제발전이 저해 당하고 있다는 것이다.

셋째, 이러한 지배-종속관계는 저개발국 내부의 불평등도 심화시켜 왔다는 점을 강조하고 있다. 저개발국내의 불평등은 그 지배세력이 선진국의 이익에 기여하면서 민중들을 수탈하기 때문이라고 주장한다.

넷째, 이와 같은 기존의 사회구조 타파는 그것을 강제하고 있는 세계 자본주의체제로부터 탈피하지 않고는 불가능하다고 보기 때문에, 선진국과의 관계를 단절하고 독자적인 발전의 길을 모색하는 것이 저개발국 경제발전의 핵심적인 과제로 본다.

Ⅱ. 경제발전의 개념

경제발전(economic development)은 경제규모의 확대와 함께 경제구조의 변화도 함께 이루어지는 장기적 과정이다.

① 경제발전은 GNP, GDP 등 경제지표의 양적 확대뿐만 아니라 수요구조, 분배구조, 노동력의 분포, 산업구조, 투입 · 산출의 구성 및 체계 등에 있어서의 구조적(질적) 변화까지도 포함하는 개념이다.

② 경제발전은 기본적인 생산요소의 공급과 생산물 수요의 구조적 변화 속에서 이루어지는 진보의 과정이다.

* 생산요소공급 측면의 경제발전 요인: 자원의 개발, 자본축적, 인구증가, 기술진보, 혁신, 제도 및 조직의 발전
* 생산물수요 측면의 경제발전 요인: 인구의 규모 및 구조, 소득수준과 소득분배 상태, 기호와 유행, 제도 및 조직의 발전

스웨덴의 경제학자 미르달(K.G. Myrdal)은 "발전은 전(全) 사회체계의 상향적 운동"이라고 했는데 경제발전은 경제의 상향적 운동, 즉 경제가 보다 나아지는 것이라고 볼 수 있는데, 이는 가치함축적인 개념이다.

그리고 국제연합(UN)은 경제발전을 1인당 소득의 증대뿐만 아니라, 산업화를 통한 구조변화, 기본적 필요(basic needs)의 충족 및 분배의 평등화까지 포함하는 개념으로 보고 있다.

한편 종속이론은 경제발전을 위해 대외적 종속의 극복을 통한 저개발국의 정치적·경제적 자립화 및 대내적 평등화를 강조하는데, 이와 관련하여 시어즈(D. Seers)는 저개발국 경제발전의 의미를 빈곤퇴치, 고용증대, 평등화 등으로 정리하고 있다.

이상에서 볼 때 결국 저개발국의 경제발전은 국민소득(GNP)의 증대와 산업화를 통해 단순히 선진국을 쫓아가는 것만이 아니라, 대외적으로는 종속관계를 탈피하고 대내적으로는 부문 간의 균형을 포함한 구조적 건전성과 평등화를 지향하는 포괄적인 개념으로 이해할 수 있다.

끝으로 경제발전과 관련된 몇 가지 개념들을 정리하면 다음과 같다.

경제성장(economic growth)은 시간의 경과에 따라 한 국가경제의 생산능력, 즉 실질 잠재적 국민소득이 확대되는 현상으로 지속적으로 증대되는 양적 개념으로 일반적으로 국가전체의 총생산지표인 국민총생산(GNP) 또는 1인당 GNP가 경제성장의 측정 기준이 된다.

경제성장은 생산가능곡선(production possibilities curve)이 우상향(右上向)으로 이동하는 것으로도 볼 수 있는데, 이 경우 두 가지 재화의 생산증대가 동시에 가능하다. 생산가능곡선은 한 국가의 경제규모와 성장과정을 파악하는데 있어 매우 유용한 개념으로 한 경제에 주어진 선택 가능한 재화-서비스 생산의 최대조합을 나타낸다. 즉 이 곡선상의 한 점은 현재의 기술수준과 현재의 부존자원을 완전히 이용할 때 생산할 수 있는 모든 재화-서비스의 최대량의 조합이다.

경제성장은 생산방식의 효율성 증대인 기술진보, 자본투입의 증대, 노동투입의 증대 및 노동력의 질적 향상, 자원의 증대 등의 경로를 통하여 이루어진다.

한편 **경제개발(economic development)**은 어떤 명확한 정책적 목표를 내포하고 있는 경제발전의 특수한 경우로 제2차 세계대전 이후 식민지 체제로부터 해방된 많은 저개발국의 경제발전 문제가 중요한 의의를 지니면서 대두된 개념으로 경제발전의 주체로서 민간기업 외에 국가 또는 정부의 역할이 중시된다. 이 개념이 대두된 배경으로는 식민지 체제가 붕괴하여 많은 신흥국이 탄생하였으나, 경제적으로는 여전히 빈곤하여 선진국과의 격차가 확대일로에 있어서 국제 정치·경제적으로 커다란 불안정 요인을 이루고 있는 점, 경제발전은 가능하며 또한 바람직하다는 관념의 일반적인 보급과 이를 실현시키려는 지도자 및 일반국민이 출현하였다는 점 등의 여러 요인을 들 수 있다.

개발독재(development dictatorship)는 제2차 세계대전 후 식민지에서 해방된 국가들이 정치적으로 독립하면서 산업화와 경제성장을 국가정책의 일차적 목표로 삼고 정치적 민주주의와 국민의 기본권을 유보한 채 급속한 경제성장과 경제발전을 추구하는 것을 의미한다.

여기서 '개발'이란 경제개발을 의미하는 것으로 '경제개발은 경제발전이고 경제발전은 곧 국가번영'이라는 등식에 따라 저개발국가에서는 경제개발이 우선이라는 논리 하에 정치적인 민주화를 억압하는 독재정치가 실시되어 인권유린, 국민의 권리제한, 민주세력에 대한 탄압, 정적에 대한 테러, 노동착취 등과 빈부의 격차가 확대되는 것이 특징이다.

한국에서는 박정희 대통령이 집권한 1961년부터 1979년까지를 개발독재의 시기라고 할 수 있다. 한국은 이 기간 동안 절대적 빈곤에서 탈출하여 경제성장을 이루기는 했으나 이러한 경제성장은 인권, 민주주의, 사회복지 등 다른 모든 사회적 발전을 담보로 한 것이었다.

Ⅲ. 경제발전의 역사적 경험

1. 시간적으로 본 경제발전

오늘날의 경제는 특별한 경우를 제외하고는 대부분 성장 · 발전하고 있다. 특히 1970~80년대에 걸쳐 10%대에 가까운 고도성장의 과정을 거친 한국에서는 2000년대 이후에 달성한 5% 전후의 경제성장률이 오히려 부족하다고 느끼는 경우도 많다.

그러나 인류의 장기적인 역사적 관점에서 보면 생활수준의 변화가 거의 없는 정체상태가 역사의 정칙(rule)이었으며, 경제가 성장한다는 것은 오히려 예외적인 사례에 속한다.

인류의 기록문명의 역사는 5천년이 넘지만 경제성장으로 1인당 소득이 증가하기 시작한 계기는 영국의 산업혁명으로 200여년에 불과하다.

산업이 발달하지 못한 농업중심의 산업혁명 이전 시기에는 식량이 많아지면 인구가 증가해서 다시 1인당 소득은 제자리로 돌아가고, 흉년이 들어 식량이 줄어들면 인구도 따라 감소해 결국 1인당 소득은 같은 수준에 머무르게 되었다. 즉 생산과 인구수가 서로 맞물려 결국 1인당 소득은 생존수준에 머무르는 정체상태를 벗어나지 못한 현상이 반복되었던 것이다.

쿠즈네츠(S.S. Kuznets)의 연구에 의하면 1700년부터 1780년까지의 기간 동안 영국의 경제성장률을 매 10년간 비율로 보면 총생산은 5.3%, 인구는 3.2%, 1인당 생산은 2.0%였는데, 이는 연간 평균성장률로 보면 1인당 생산은 0.2%에 불과하다.

그러나 산업혁명이 1750년대에 시작된 것을 감안하면 산업혁명 이전 영국의 1인당 소득성장률은 0.1%에도 미치지 못한다고 추정할 수 있다. 토인비(A. Toynbee)와 하트웰(R.M. Hartwell)도 1750년부터 1850년까지 백년간 영국의 1인당 소득증가율이 1～1.5%에 불과했기 때문에 결국 산업혁명 이후에도 대부분의 국가에서는 저성장을 기록했다고 주장했다.

그러나 1945년 제2차 세계대전이 종료되면서 비로소 경제성장은 전 세계로 확산되기 시작했으며 성장의 속도 또한 가속화되었다. 이 기간 동안 사회주의 진영을 제외한 세계의 경제성장률은 1950년대 4.2%, 1960년대 5.2%, 1970년대 3.7%, 1980년대 3.0%를 기록했다.

한국의 경우는 더욱 두드러지는데, 1960년부터 2000년까지 40년간 한국경제의 성장률은 평균 8%였으며 1인당 소득의 증가율도 6.5%를 달성한 것이다.

이상과 같이 시간적 개념에서 경제발전의 경우 현재 시점에 가까울수록 성장속도는 가속화되어 왔는데, 특히 20세기 후반은 성장혁명기라고 할 수 있을 만큼 경제성장이 전 세계적으로 확산되었고 성장률도 매우 높았다는 사실을 알 수 있다.

2. 공간적으로 본 경제발전

경제발전을 공간적 개념에서 본다면 그 중심지는 영국을 중심으로 한 유럽에서 미국을 중심으로 한 북미대륙으로 이동했다가 20세기 후반부터는 한국·중국·일본을 중심으로 한 아시아 지역이 경제발전의 중심지로 급부상했다. 2000년대를 전후해서는 **브릭스(BRICs)**라고 불리는 브라질(Brazil)·러시아(Russia)·인도(India)·중국(China) 등 4개국이 빠른 성장을 거듭하면서 새로운 신흥경제국으로 주목받기 시작했다.[3] 전문가들은 2030년 무렵이면 이들이 세계 최대의 경제권으로 도약할 것으로 보고 있다.

19세기까지는 유럽이 경제발전을 주도하던 시대였는데, 그 중심지는 산업혁명을 처음으로 성공시킨 영국이었다. 제1차 세계대전(1914～1918)은 식민지를 둘러싼 영국·미국·독일 사이의 주도권 쟁탈전이었다. 이 전쟁에서 패한 독일은 탈락하고 1900년을 전후해서 공업생산면에서 영국을 앞서기 시작한 신흥공업국 미국이 세계경제의 주도권을 장악하게 되었다. 따라서 산업혁명이 시작된 18세기 후반부터 제1차 세계대전까지 백여 년간의 영국 주도시대를 팍스 브리태니카(Pax Britanica)라고 부른다.[4]

미국은 제1차 세계대전을 통해 주도권을 잡게 되었지만 일본, 독일 등이 경쟁국으로 부상했고, 1917년 러시아혁명으로 탄생한 소련도 강대국으로 성장했기 때문에 미국의 단일주도체제가 구축되지는 못했다.

---

3) 브릭스는 현재의 경제성장 속도와 앞으로의 발전 가능성을 미루어 볼 때, 4개국의 성장 가능성이 가장 크다는 뜻에서 하나의 경제권으로 묶은 개념이다. 브릭스 4개국은 공통적으로 거대한 영토와 인구, 풍부한 지하자원 등 경제대국으로 성장할 수 있는 요인을 갖추고 있다. 4개국을 합치면 세계 인구의 40%가 훨씬 넘는 27억명(중국 13억, 인도 11억, 브라질 1억 7000만, 러시아 1억 5000만)이나 된다. 따라서 막대한 내수시장이 형성될 수 있고, 노동력 역시 막강하다. 실제로도 브릭스 4개국은 2000년 이후 수요와 구매력이 빠른 속도로 증가하고, 외국인 투자와 수출 호조로 인해 높은 경제성장을 거듭하고 있다. 특히 중국은 1990년대 이래 해마다 7~10%에 달하는 초고속 성장을 계속해 왔다. 인도 역시 정보기술(IT) 강국으로 떠오른 지 이미 오래이다.

4) 영국의 지배에 의해 세계의 평화질서가 유지되는 상황을 함축적으로 표현하는 용어이다. '팍스(Pax)'는 라틴어로 평화를 뜻하는데, 로마 제국이 피정복 민족들을 통치하던 것을 가리켜 '팍스 로마나(Pax Romana)'라고 하고, 19세기 영국의 식민지 통치를 '팍스 브리태니카(Pax Britanica)'라고 한 것에서 연유한다.

이후 제2차 세계대전(1939～1945)에서 승리한 미국은 막강한 경제력을 배경으로 하여 명실상부한 단일주도국의 지위를 확보하게 된다. 그러나 미국의 주도권은 1950년대를 정점으로 하여 흔들리기 시작했다. 자본주의 진영의 주도국으로서 사회주의권과 대결함에 있어서 미국이 감당해야 하는 경제·정치·군사적 측면의 부담이 너무 커서 1960년대 이후 미국경제는 성장률의 감퇴, 경쟁력의 약화, 재정적자, 국제수지의 악화 등의 어려움을 겪으면서 영향력이 점차 약화되기 시작했다.

이후 1990년을 전후하여 소련을 비롯한 사회주의권이 해체되어 냉전체제가 종식되는 한편, 디지털 및 정보통신 혁명이 일어나면서 이의 최대 수혜국인 미국의 영향력은 다시 커지게 되었다. 이와 같이 미국이 세계경제의 주도권을 행사한 20세기를 팍스 아메리카나(Pax Americana)라고 부른다.

토인비는 21세기 아시아태평양 주도시대의 도래를 예고한 바 있는데, 세계경제는 20세기 후반부터 실제로 그러한 방향으로 나아가고 있다. 우선 일본은 제2차 세계대전 이후 급속한 성장을 지속하여 미국의 강력한 경쟁자로 부상했는데, 2000년에는 GNP규모가 미국의 절반에 이르렀고 1인당 국민소득은 오히려 미국을 앞질렀다.

그리고 한국·대만·홍콩·싱가포르 등 **신흥공업국(Newly Industrializing Countries: NICs)**들은[5] 20세기 후반의 세계경제에서 놀라운 활력과 성장력을 과시했다. 또한 대규모의 시장을 배경으로 하는 중국을[6] 비롯해 인도·태국·

5) 1960～1970년대를 통해 급속한 경제발전을 이룩한 선진국과 후진국의 중간에 있는 국가군으로 중진국이라고도 한다. 한국·대만·홍콩·싱가포르·브라질·멕시코 등이 이에 속한다. 이들 국가들은 수출지향적 공업화정책 또는 수입대체 공업화정책 등을 통해 세계의 공업생산과 공산품 수출에서 차지하는 비율의 급속한 확대, 국내 공업부문의 생산·고용 비율의 증대, 1인당 국민총생산(GNP)의 높은 성장률과 대(對)선진국과의 격차를 축소하는 데 성공했다. 그러나 1970년대 후반에 들어서면서 브라질과 멕시코는 외채위기와 엄청난 인플레이션 등으로 성장이 둔화되면서 급기야는 자본축적의 동력이 쇠잔하여 이 대열에서 탈락했다.

6) 1997년 홍콩[香港]에 이어 1999년 마카오[澳門]가 흡수·합병된 이후 중국은 매년 10%가 넘는 고도성장을 계속해 왔다. 또 싱가포르·말레이시아·태국 등 동남아시아 국가들의 경제력 대부분을 화교가 차지하고 있고, 타이완[臺灣]까지 포함하면 전 세계에서 차지하는 화교의 경제력은 매우 막강하다. 경제학자들은 중국이 세계 최대의 경제 대국이 되면 아시아는 물론 세계 질서까지 재편하려고 시도할 것으로 보고 있다. 실제로 IBRD(세계은행)는 2020년이 되면 중국의 국내총생산(GDP) 규모는

베트남 등도 21세기에는 도약할 수 있는 막강한 잠재력을 보유하고 있다.

이상과 같이 경제발전의 역사적 경험을 통해 우리는 권력의 흥망성쇠와 같은 무상한 변화가 경제발전에도 적용된다는 사실을 알 수 있다. 찬란한 고대 문명을 꽃피웠던 중국, 인도, 메소포타미아, 이집트 등의 국가는 오늘날 개발도상국의 위치에 머무르고 있는 반면, 경제발전에 의한 고소득을 누리고 있는 미국, 캐나다, 호주 등의 국가는 그 역사가 불과 200여년에 지나지 않는다. 과거 해상강국으로 세계를 지배했던 스페인과 포르투갈의 경우도 한국과 1인당 국민소득이 비슷하거나 더 낮은 수준이다.

그리고 20세기 후반에 들어와서야 경제성장이 본격화되었다는 사실에서 알 수 있듯이 국가 간 경제적 위상변화는 매우 짧은 기간에도 가능하다. 예를 들면 1960년대 아르헨티나는 1인당 국민소득에 있어서 일본보다 앞서 있었으나 40여년이 지난 현재 일본의 1인당 국민소득은 아르헨티나의 5배를 넘고 있다.

또한 한국, 인도네시아 그리고 파키스탄은 1960년대 초에는 1인당 국민소득에 있어서 거의 유사한 수준이었지만 현재는 엄청난 차이를 나타내고 있다. 앞서 예시한 스페인, 포르투갈, 아르헨티나, 인도네시아, 파키스탄 등의 국가들이 갖는 공통점은 정치적으로 군사독재정권을 경험했다는 사실이다. 한국의 경우에도 오랜 기간 군사독재를 거쳤지만 특유의 근면성, 높은 교육열, 민주화에 대한 갈망 등으로 이를 극복하고 눈부신 경제발전을 이루었다. 이와 같은 역사적 경험으로 미루어볼 때 한 국가의 경제발전을 위해 정부와 국민들의 역할이 얼마나 중요한지 새삼 깨닫게 된다.

미국의 9조 7000억 달러를 넘어 9조 8000억 달러에 달할 것으로 예상하고 있어, 서구에서는 새로운 팍스 시니카(Pax Cinica)의 도래를 경계하고 있다.

제2장

경제발전의 과정과 단계

Ⅰ. 산업구조 변화의 측면에서 본 경제발전

1. 역사학파의 발전단계설

영국과 프랑스에 비해 정치·경제적 근대화가 늦어진 독일에서는 산업혁명이 본격화된 1840년대에 종전의 행정기술적인 관방학파(官房學派)의 수준을 넘어선 새로운 학파가 성립되었는데, 리스트(F. List)를 선구자로 하여 로셔(W.G. Roscher), 크니스(K. Knies), 힐데브란트(B. Hildebrand), 슈몰러(G. von Schmoller), 브렌타노(L. Brentano), 바그너(A. Wagner) 등을 대표 학자로 하는 이른바 **역사학파(historical school)**이다.

역사학파는 영국 고전학파의 연역적 방법에 의하여 얻어진 보편타당하고 추상적인 경제법칙의 존재를 부정하고 경제현상은 시대나 나라의 차이에 따라 달라지는 상대적·개별적인 것이고 역사적 연구나 통계적 조사를 주로 해야 한다고 주장했다. 따라서 역사학파의 성립은 당시의 경제현실을 반영한 것이기도 했다. 영국이 세계의 공장으로 기능했던 것과는 달리 독일의 농업경제는 후진성을 면치 못했고, 영국 상품의 침투를 막고 산업자본을 육성하기 위해서는 국가의 통일을 바탕으로 국내산업을 보호·장려하는 일이 당면과제였다.

역사학파는 영국 고전경제학의 보편이론이 각 국민경제의 개별성을 간과하고 있음에 이의를 제기하고 국민경제는 유기적·윤리적인 통일체이며 역사적·단계적으로 발전한다는 것을 강조하며 경제발전단계설을 이끌어냈다. 특히 리스트는 경제의 역사적 발전단계를 주요 산업의 종류에 따라 수렵단계, 목축단계, 농업단계, 농공업단계, 농공상업단계 등의 5단계로 분류하면서 각 단계에서 취해야 할 경제무역정책은 다르다고 했다. 특히 제4단계인 농공업단계에서 국가는 **유치산업(infant industry)**을[7] 보호·육성하기 위해 보호무역제도를 시행해야 한다고 주장했다.

---

7) 장래에는 성장이 기대되나 지금은 수준이 낮아 국가가 보호하지 아니하면 국제경쟁에 견딜 수 없는 산업을 지칭한다. 이로부터 공업화가 뒤떨어진 후진국으로서는 먼저 유치산업을 보호하여 공업부문이 성숙한 후에 자유무역으로 전환하는 것이 바람직하다는 보호무역주의 이론인 유치산업보호론이 등장했다.

2. 호프만의 공업구조이행론

독일의 경제학자 호프만(W.G. Hoffmann)은 1931년 그의 저서 『공업화의 단계와 유형』(*Stadien und Typen der Industrialisierung*)에서 세계 약 20개국의 장기 시계열자료를 사용하여 제조업에 있어서 소비재산업과 자본재산업의 구성이 경제발전과 함께 어떻게 변화하는가에 관해 하나의 경향을 도출하고, 이에 의거하여 각국의 공업화 단계를 규정했다. 그는 제조공업을 소비재산업과 투자재산업의 두 부문으로 분류할 때, 공업화의 진전에 따라 소비재산업의 투자재산업에 대한 순산출량(부가가치액)의 비율, 즉 **호프만 비율(Hoffmann's ratio)**이 저하된다고 하는 **호프만의 법칙(Hoffmann's Law)**을 주장했다.

그리고 호프만 비율의 값으로 공업화의 단계를 규정하고, 이에 의해서 각국의 경제발전단계를 분류했다. 제1단계는 비율이 5±1의 경우로, 소비재생산이 지배적이며 투자재 부문은 미발달단계이다. 제2단계는 2.5±1의 경우로 소비재부문이 아직도 우세하나 투자재 부문의 발달도 상당하다. 그리고 제3단계는 1±0.5로 양 부문의 규모는 우열이 없다. 제4단계에서는 투자재산업 부문이 단연 우세하다.

그러나 현재 호프만의 법칙의 타당성에 대해서는 문제가 있는 것으로 되어 있다. 그 이유는 그의 산업분류법이 생산물의 최종용도에 따라 소비 또는 투자로 구분할 것을 의도하였으나, 실제는 그 생산물의 75% 이상이 어느 산업부문에 속하는가를 판단의 기준으로 하였고, 판단을 내릴 수 없는 것은 이를 제외하였기 때문이다. 그 결과 소비재산업은 식료품 · 섬유 · 피혁 · 가구제품, 또 투자재산업은 금속 · 기계 · 운수기계 · 화학제품으로 되었으며, 그 밖의 고무 · 제재 · 제지 · 인쇄 등은 제외되었다. 여기서 투자재산업은 중공업의 구분과 일치되어 호프만의 법칙은 일종의 경공업 대 중공업의 비율을 나타내는 것이 되고 말았다. 또 예를 들면 자동차 · 가전제품 등의 내구성소비재가 중공업제품에 포함되고, 그 비중은 소득의 증대와 함께 증대한다. 따라서 호프만 비율은 그가 의도한 소비재 대 투자재의 비율과는 다른 것이 되고 만다.

그리고 호프만이 투자재산업으로 분류한 금속 · 기계 · 화학공업 가운데 경제발전에 따라 기계류의 비중이 증대하고 금속이나 화학공업의 비중은 그다지 높아지지 않고 어느 수준에 이르면 한계에 이르는 현상을 설명하는 데는 분명한 한계점을 갖는다. 따라서 그가 의도한 바와 같이 제조공업에서 소비재산업과 투자재산업의 구성을 완벽하게 설명했다고 볼 수는 없다.

그러나 호프만의 법칙은 그것이 본래 뜻하는 바의 소비재 대 투자재의 생산비율로서는 일반적으로 타당하다고 할 수 없는 것이 되었다고 하더라도, 그것을 경공업 대 중공업의 비율로 생각한다면 아직도 유효하다고 볼 수 있다. 그리고 이것이 비록 이론적으로는 별로 새로운 것이 아니라고 하더라도 산업구조의 고도화를 측정하는 구체적인 기준을 제시하고 이를 공업화의 시기가 다른 각국에 대하여 측정해 공통성을 입증했다는 데에 큰 의의가 있다.

3. 클라크의 산업구조이행론

클라크(C.G. Clark)는 1940년 자신의 저서 『경제적 진보의 제 조건』(*The Conditions of Economic Progress*)에서 19세기 이후 세계 각국의 산업구조와 소비구조를 분석하여 산업을 1차, 2차, 3차 산업으로 분류했다. 제1차 산업은 농림수산업으로 대표되는 채취산업으로 농업, 임업, 수산업, 목축업, 수렵업 등이고, 제2차 산업은 공업으로 대표되는 가공산업으로 광업, 제조업 등의 광공업 이외에 건설업, 전력 · 가스 · 수도업 등이다. 그리고 제3차 산업은 비물질의 서비스를 생산하는 산업으로 운수 · 통신업, 상업, 금융업, 기타 서비스업 등이다. 클라크는 농업 · 제조업 · 상업의 순서로 수익이 높다고 한 페티(W. Petty)의 이론을 바탕으로 하여 경제의 발전에 따라 제1차 산업인구의 비중은 저하하고, 제2차, 제3차 산업인구의 비중은 증대한다고 했는데, 이를 **페티-클라크의 법칙(Petty-Clark's Law)**이라고 한다. 이것은 클라크가 국민소득의 국제비교 또는 시계열(時系列)비교를 통해 실증적으로 밝힌 노동력 구성비에 의한 산업구조 변화의 통계적 법칙이다. 클라크는 1930년 전후의 세계 57개국 노동인구의 산업별 구성비율을 비교하여 하나의 귀납적 법칙을 발견하고 다시 23개국을 추려 시계열분석을 한 결과 농업의 노동인구 비율이 일관하여 저하되고 있었으며, 제조업에서는 비율은 상승하나 어느 수준에 이르면 정체 내지는 약간의 하락을 나타냈고, 상업 · 서비스업 등에서는 상승경향이 계속되고 있음을 분명히 했다.

이 법칙이 성립되는 이유는 산업별 노동력 이동의 근거를 그 산업의 생산성과 제품에 대한 수요의 **소득탄력성**에[8] 두면서 농업에는 수확체감의 법칙(law of diminishing returns)이 그리고 제조업에서는 수확체증의 법칙이 각각 작용해 생산성의 격차가 점점 더 커지게 되며, 서비스업은 제조업보다 생산성의 증가율이 더 높다는 사실이다. 또한 수요의 소득탄력성은 농산물보다 공산품이 그리고 공산품보다 서비스업 제품이 더 높아서 노동력은 이 부문으로 이동하게 되기 때문이다.

한편 우리나라 산업구조의 변동을 노동력을 기준으로 살펴보면 1963년 1차 : 2차 : 3차는 60.6 : 8.0 : 31.4에서 1993년 14.8 : 24.2 : 61.0으로 크게 변하였다. 페티클라크의 법칙에 의거하면 3차>2차>1차라는 산업구조가 고도화된 선진국형이라고 볼 수 있다. 그러나 우리나라에서는 이러한 3차>2차>1차라는 산업구조가 애당초 3차 산업의 이상비대현상을 반영한 1차>3차>2차라는 산업구조에서 출발해 경제발전에 따른 노동력의 이동으로 인해 형성된 것이기 때문에 반드시 페티클라크의 법칙이 반영된 것으로 보기 어렵다. 그리고 우리나라에서 1차 산업에 비해 2차 산업의 비중이 커진 것이 선진국의 경우처럼 농업과 공업이 유기적 연관을 맺은 상태에서 이루어진 것이 아니라, 농업의 일방적 희생을 바탕으로 공업부문이 국제분업구조에 편입되어 발전함으로써 이루어졌다는 점을 간과해서는 안 된다.

---

8) 수요의 소득탄력성(income elasticity of demand)은 소득의 증감 시 그 수요량이 얼마나 변할 것이냐 하는 것을 측정하는 지표로서 수요량의 변화율(%)/소득의 변화율(%)로 표시된다. 수요의 소득탄력성(Ey)의 크기에 따라 재화를 분류할 수 있다. Ey>0 이면, 즉 소득의 증가로 인해 재화 수요가 증가하면 이를 정상재라 하고, Ey<0이면, 즉 소득이 증가할 때 수요가 오히려 감소하면 열등재라 한다. 또한 정상재 가운데서도 Ey<1이면 이를 필수재라 하고, Ey>1이면 이를 사치재라 하기도 한다. 이와 같이 소득의 변화에 따라서 수요 패턴이 달라진다는 사실은 산업과 무역 및 경제 구조에 관한 정책에 매우 중요한 의미를 갖는다. 수요의 소득탄력성이 높은 제품을 생산하는 산업은 경제 성장의 선도 부문이 되는 반면, 소득탄력성이 낮은 산업은 경제성장과 더불어 오히려 쇠퇴한다. 따라서 정부는 한편으로는 국내시장이나 국제시장에서 소득탄력성이 높은 제품을 생산하는 산업을 육성하여야 하는 동시에, 수입 의존적인 소비 패턴을 개선하도록 적극적으로 산업 구조 개편을 유도해야 한다.

또한 우리나라에서 3차 산업의 비중이 높은 것은 농업의 파괴과정에서 발생한 이농인구가 도시의 공업부문에 충분히 고용되지 못하고 도시의 비공식부문으로 잔류했다는 점도 고려해야 한다. 따라서 우리나라에서 3차 산업의 비중이 높은 것을 두고 반드시 산업구조가 고도화되었다고 볼 수만은 없는 것이다. 2006년 현재 전체 노동력의 24.9%가 3차 산업 중에서도 도·소매·음식·숙박업에 종사하고 있다는 사실은 우리나라의 3차 산업이 2차 산업의 발전을 뒷받침하는 생산적 역할을 수행하지 못하고 소비향락적인 성격을 띠고 있다는 점을 시사하고 있다.

4. 마르크스의 역사발전단계설

마르크스(K. Marx)는 **유물사관(唯物史觀)**에 입각해 생산력과 생산관계의 역사적 결합이라고 할 수 있는 **생산양식(mode of production)**에 의해 한 사회의 하부구조 또는 토대(base)인 경제구조가 형성되면, 이에 따라 정치, 법, 종교, 예술 등의 상부구조가 정해진다고 주장했다. 그는 경제발전의 단계를 생산력과 생산관계의 변화에 따라 다음과 같이 5단계로 분류했다.

① **원시공산사회** : 인간이 최초의 원시생활을 하던 시기로 주종관계, 사유재산 등은 존재하지 않으며 공동으로 생산 및 분배를 하던 시기이다. 즉 원시시대는 계급이 존재하지 않는 공산사회였다.

② **고대노예사회** : 청동기, 철기 등 기술의 발달로 고대사회로 발전하게 되며 국가가 성립되고 전쟁이 발생하며 계급이라는 것이 생기며 지배층·피지배층으로 나누어지게 된다. 노예의 소유자는 생산수단을 소유하고 노예는 생산을 담당하게 되며 사유제(私有制)가 인정되었다.

③ **중세봉건사회** : 고대가 지나고 중세에 접어들면서 국가의 중앙집권력보다 더 강한 힘을 발휘하는 지방의 영주들이 생겨나면서 봉건사회 체제가 발생한다. 땅을 가진 영주는 농노(農奴)들에게 토지를 주어 농사짓게 하며 세금을 거두어들이게 된다. 일부 자유농민과 자영 수공업자의 사적 소유와 생산도 인정되었다.

④ **근대자본주의사회** : 근대에 오면 과학의 발달과 인간이성의 자각으로 문명은 급속히 발전하며 산업혁명으로 인한 급속한 생산력의 증대는 생산수단을 소유한 자본가와 노동력을 임금과 교환하면서 생산을 담당하는 노동자라는 두 계급을 만들며 자본이 지배하는 사회로 발전한다.

⑤ **공산주의사회** : 자본주의사회의 초기에는 물적 생산력이 증대하지만 독점자본주의의 단계에서는 (자본의 유기적 구성도의 고도화에 따른 이윤율의 하락과 산업예비군의 증대로) 오히려 물적 생산력이 저하되고 경제는 침체상태에 이르게 되어 사회주의 혁명이 발발해 공산주의사회로 이행하게 되는데, 이것이 마르크스가 언급한 역사발전의 최종단계이다.

II. 로스토의 경제발전단계설

로스토(W.W. Rostow)가 1960년 그의 저서 『경제성장의 제 단계 : 반공산당 선언』*(The Stages of Economic Growth : A Non-communist Manifesto)*을 통해 전개한 경제발전단계설은 경제발전의 과정을 단속적(斷續的)인 과정으로 이해하는 대표적인 사례이다. 그는 경제의 연속적인 변화과정을 구간별 특징에 따라 구획을 정해 경제발전의 과정을 구명하고자 했으며 경제의 발전과정을 5개의 단계로 구분해 모든 국가들이 획일적으로 이러한 단계를 거친다고 주장했다. 이러한 시각에 따라 구미 선진국들을 비롯해 일본, 캐나다 등 여러 나라의 경제발전 과정을 분석한 로스토는 경제의 발전과정을 전통사회(The Traditional Society), 도약을 위한 준비(The Precondition for Take-Off), 도약(Take-Off), 성숙(The Drive to Maturity), 고도대중소비(The Age of High Mass-Consumption) 등의 5단계로 구분했는데, 이러한 단계 구분의 척도로서 생산기술, 소비수준의 고저, 자본의 축적도, 산업구조의 고도화, 국민소득에서 차지하는 저축의 비율 등을 들고 이 가운데 특히 **도약단계**에 중점을 두고 경제발전의 중요한 시기로 강조했다. 또한 로스토는 사회는 상호작용적인 유기체라고 하는 인식을 받아들여 경제적 변동이 정치적·사회적 귀결을 가져온다는 것이 사실이지만, 경제적 변동 자체도 경제적 제반 요인뿐만이 아니라, 정치적·사회적 제반 요인의 귀결이라고 간주했다.

1. 전통사회

전통사회는 봉건제가 지배적이었던 시대와 그 이전의 사회를 의미한다. 일반적으로 농업이 중심이며, 전체 노동인구의 75% 이상이 식량생산에 종사한다. 그리고 부와 권력은 영주·승려·지주 등 상층계급이 장악하고 사회관계는 씨족관계가 지배적이며, 정치적으로는 통일적인 구심력이 결여된 지방분권제를 특징으로 한다.

그리고 1인당 생산량(소득)이 증가하지 않거나 증가하더라도 지극히 제한적이다. 사회구성원들의 의식구조는 장기적 숙명론(long-run fatalism)이며 전(前)자본주의적 가치관이 지배한다.

역사적으로 중국의 여러 왕조, 중세의 유럽, 중동과 지중해 문명, 한국의 조선 말기까지가 이에 해당된다고 볼 수 있다.

2. 도약을 위한 준비단계

도약을 위한 준비단계는 도약을 위한 선행요건을 충족시켜 주는 단계라고 할 수 있는데, 이 단계에서는 다음과 같은 변화가 진행된다.

첫째, 농업과 공업에 있어서 근대적 과학과 기술이 다소 도입되어 생산성이 향상되기 시작하는 한편 인구증가는 둔화되어 1인당 소득도 상승한다.

둘째, 전통적인 가치관은 점차 합리주의적 방향으로 이전하고 경제활동은 점점 이윤동기에 기초를 두며 근대적 기업가가 등장하기 시작한다.

셋째, 사회적 소득분배는 지주나 비생산적인 계급의 수중으로부터 점차 근대적 상업자본가 또는 산업자본가에게로 넘어간다. 특히 교육·운송·통신 등 **사회간접자본(social overhead capital)**이 확충되고 은행이 출현한다.

넷째, 해외시장이 확대되어 교역량이 증대하고 국제경쟁력의 문제가 크게 부각되기 시작한다.

다섯째, 정치적으로는 영주나 지주계급을 중심으로 한 지방분권이 붕괴되고 중앙집권적 근대국가가 출현한다.

이러한 변화들은 기본적으로 전통적 체제를 완전히 탈피하지 못한 상태에서 낡은 사회구조와 가치관이 잔존하는 상태에서 일어나기 때문에 경제발전이 급속하게 진행되지는 않는다. 그리고 이 모든 변화들은 전통사회에서 내재적으로 일어난다기보다는 전쟁과 같은 외생적인 변화요인에 의해 주도된다.

역사적으로 산업혁명 이전인 17세기 후반부터 18세기 초반에 이르는 서유럽과 1960년대 초까지의 한국이 전형적으로 이 단계에 해당된다.

3. 도약단계

경제발전에 대한 여러 장애와 저항이 극복되고 경제발전이 그 사회의 정상적인 상태가 되는 단계로 성장의 가속적인 추진력이 사회의 관습과 제도적 구조 속에 확립되어 간다.

도약을 위해서는 다음의 세 가지 조건들이 충족되어야 하는데, 이 모든 것들은 자국 내에서 대규모의 자본을 동원할 수 있는 능력을 갖춘다는 것을 의미한다.

첫째, 국민소득(또는 국민순생산 NNP)에 대한 생산적 투자율이 5% 또는 그 이하에서 10% 이상으로 상승한다.

둘째, 높은 성장률을 나타내는 하나 혹은 그 이상의 실질적인 제조공업이 발달해야 한다.

셋째, 성장에 자동적인 성격을 부여하는 정치적 · 사회적 · 제도적인 기본구조가 존재하거나 급속하게 출현해야 한다.

도약단계는 국내의 저축률을 자립적인 수준으로까지 증가시킴으로써 도달 가능한데, 도약의 추진력은 하나 또는 몇 개의 **선도부문(leading sectors)**이[9] 맡으며, 이 부문이 급속하게 성장하면서 경제의 전반에 활력소를 주입하는 것이다.

---

9) 로스토는 도약단계 산업을 선도산업(primary growth sector), 보완산업(supplementary growth sector), 유발산업(derived growth sector) 등으로 분류하는데, 선도산업은 경제발전을 맨 앞에서 이끌어가는 산업이며, 보완산업은 선도산업 성장의 직접적인 영향을 받아 발전하는 산업이며, 유발산업은 경제성장에 따라 전체적인 수요가 증가함으로써 성장이 유발되는 산업이다. 예컨대 철도를 선도산업이라고 하면 석탄 · 철강 등은 보완산업이고 주택 · 식량 등은 유발산업이라고 할 수 있다.

도약에 있어서는 경제의 내재적(內在的) 요인보다 기존 질서의 붕괴를 가져오는 정치적 혁명, 새로운 시장의 출현, 신기술의 발달, 수출가격의 상승 등과 같은 외생적(外生的) 자극이 더 큰 역할을 한다.

도약단계에서 나타나는 구체적인 특징을 보면 다음과 같다.

첫째, 공업부문에서 이윤율이 상승하여 이윤소득은 재투자되고 공업부문의 자본축적이 활성화된다.

둘째, 사회간접자본이 급속하게 확장되고 기술혁신이 이루어진다.

셋째, 농업의 상업화와 농업기술의 혁신이 실현된다.

넷째, 기업가(entrepreneur)의 출현으로 계급대립은 지주와 농민의 관계에서 기업가와 노동자의 관계로 전환된다.

역사적으로 영국은 1778～1882, 독일은 1850～1873, 미국은 1848～1860, 일본은 1878～1900 그리고 한국은 1960년대 후반에 경제적 도약을 이룩했다고 볼 수 있다.

4. 성숙단계

도약단계 이후 근대과학의 기술이 경제활동의 전 영역에 걸쳐 효율적으로 적용되고 한 국가의 산업체계가 정비되는 시기로 도약의 시작 후 60년(도약종료 후 40년)이 지나 도래하여 100여 년 동안 지속되는 가장 긴 기간이다.

이 단계에서는 국민소득의 10～20%가 지속적으로 투자되어 산출량이 인구증가율을 꾸준히 능가하며, 다양한 현대기술이 각 부문에 응용되고 공업구조면에서도 원자재 및 경공업으로부터 완성자본재 및 중화학공업으로 이행된다. 그리고 산업구조의 변화에 맞추어 도시인구의 증가, 사무직 노동자의 비율 증가, 기업가로부터 경영자로 산업지도계층의 전환 등과 같은 사회구조의 변동도 수반하게 된다.

또한 정치적으로는 국력이 강화되고 국민의 자신감도 증대되는 반면, 건전한 소비문화와 인간중심의 가치관도 절실히 요구되는 시기이다.

역사적으로 영국은 1850년대, 미국은 1900년대, 일본은 1940년대 그리고 한국은 1980년대에 각각 이 단계에 도달하였다.

5. 고도대중소비사회

성숙단계를 거쳐 1인당 소득이 계속 증가하면 생산보다는 소비에, 공급보다는 수요에 더 큰 관심을 갖게 되는 고도대중소비사회에 도달하게 된다. 이 단계에서는 1인당 소득이 크게 높아져 소비능력이 의식주 등 기본적인 수요를 훨씬 능가하기 때문에 사람들은 여가를 선호하고 향락을 추구하게 되어 인구의 도시집중화 현상이 두드러진다. 그리고 선도적 산업은 자동차, 전자제품 등과 같은 내구성(耐久性) 소비재, 서비스 등 고급소비재 부문으로 이동하게 된다. 또한 생산능력도 도처에 충만하기 때문에 경제는 성장보다도 복지를 추구하게 되어 사회보장제도가 확충되어 복지국가를 구현하게 된다.

미국은 1920년대, 유럽과 일본은 1950년대 그리고 한국은 1990년대에 이 단계에 도달하였다.

이러한 로스토의 경제발전단계설은 거셴크론(A. Gerschenkron), 쿠즈네츠 등 수많은 학자들로부터 비판을 받았는데, 그 내용을 요약하면 다음과 같다.

첫째, 각국의 경제는 그 나라의 자원보유 상태와 성장잠재력에 따라 상이할 수 있음에도 불구하고 모든 경제를 획일적으로 파악했다. 예컨대 도약기로부터 성숙기까지는 60년이 소요된다고 했지만 한국의 경우 20년에 그쳤다.

둘째, 각 단계마다 이행과정에 대한 추진력을 대부분 외생적인 요인으로 설명하고 있으며 경제발전의 내재적인 추진력에 대한 구명이 없어 이론의 유용성이 의문시된다.

셋째, 계수적(計數的), 실증적 자료의 뒷받침이 없다.

넷째, 선행요건이 충족되어야 도약이 가능하다는 주장은 타당하지 않다. 실제로 시기에 따라 국가에 따라 선행요건이 일정하지 않으며 선행요건이 반드시 도약의 전제가 되는 것은 아니다. 선행요건이 전제가 된다고 하더라도 이것이 모든 나라에 동일할 수도 없는 것이다.

다섯째, 오늘날에는 선진경제와 후진경제가 공존하는 상황이므로 경제발전을 도모하는 일은 매우 어려운 복합성을 띠고 있다. 상호간의 격차가 클수록, 또 국제체제의 구성요소 간의 관계가 상호 의존적일수록 선진경제로부의 교훈은 별 의미가 없다.

오히려 현재의 개발도상국들이 실제로 당면하고 있는 문제들을 분석하고 이를 해결할 수 있는 정책수단을 강구하는 것이 더욱 중요할 수 있다.

이와 같은 비판에도 불구하고 선진국의 과거 경제발전 경험에서 발견되는 어느 정도의 규칙성은 오늘날 저개발국의 경제발전을 위한 방향과 경로를 제시해 주고 적절한 정책수단을 모색하는 데에 도움이 되어왔다는 사실을 부인하기 어렵다.

제3장

저개발국 경제

I. 저개발국의 개념

개발도상국(developing country)은 선진국에서 이미 채택되고 있는 기술·지식·제도 등이 아직 충분히 보급되지 않아서 산업의 근대화와 경제개발이 뒤지고 있는 국가들을 의미한다. 예전에는 **후진국**(backward country)이라 하였는데, 1960년대 초기부터 **저개발국**(underdeveloped country) 또는 개발도상국으로 지칭되고 있다.

경제협력개발기구(OECD)의 개발원조위원회(DAC)와 국제연합 등의 분류에 의하면, 공업을 중심으로 고도의 발전을 이루고 있는 소수의 국가를 제외한 다수의 국가가 여기에 포함되며, 이들 제국의 대부분이 아시아·아프리카·중근동·중남미 등을 중심으로 한 남반구(南半球)에 위치하고 있다. 이들 개발도상국으로 분류되는 각국의 성격은 다양하여 성급한 일반화는 허용되지 않지만, 우선 1인당 소득수준이 낮다(1,000달러인 국가부터 100달러 이하인 국가까지 존재하고 있어 그 폭이 넓음). 예를 들어 선진국과 개발도상국을 500달러를 경계선으로 하여 분류하면 개발도상국은 대략 세계인구의 70%, 세계소득의 12%를 차지한다. 또한 경직적인 사회제도, 토지소유제에 근거한 소득분배의 현저한 불평등이 나타나며, 생활수준이 낮고 영양상태도 나쁘다. 공중보건 수단은 선진국으로부터 도입되어 개선되었지만, 여전히 그 수준은 낮다. 예를 들면, 의사 1인당 인구수가 선진국의 600～800명에 비하여 2,500～4,000명이다. 기타의 특색으로는 농업부문의 비중이 크고, 수출이 1차 산품에 집중되고 있으며, 철도·도로 등의 경제기반이 정비되지 않았고, 문맹률과 실업률이 높다는 점 등을 들 수 있다.

그러나 각국의 경제는 복잡한 여러 가지 측면이 있고 저개발국 중에서도 각 나라들이 제각기 다른 특징을 갖고 있기 때문에 저개발국에 대한 통일된 정의를 내리기는 매우 어렵다.

로스토는 '도약(Take-Off)은 완료되지 않았으나 그 과정에 있는 나라'라고 바이너(J. Viner)는 '국민소득의 산업별·인구별 구성에 있어서 농업의 비중이 큰 국가'로 저개발국을 정의하였다. 넉시(R. Nurkse)는 '자본이 희소한 국가', 히긴스(B. Higgins)는 '1인당 국민소득이 500달러 이하인 국가' 그리고 민트(H. Myint)는 '정치적 약소국'을 저개발국으로 규정하였다.

한편 라이벤슈타인(H. Leibenstein)은 이와 같은 정의들을 종합하여 저개발국이 갖는 경제적 특징을 다음과 같이 정리하고 있다.

- 농업부문의 과잉인구(총인구의 70~90%)
- 일반국민의 실질적인 무저축(저소득)
- 1인당 가용자본의 희소성
- 식량을 비롯한 생필품에 대한 지출비중의 과도함
- 원자재의 수출국

한편 1960년대 후반기 이후로 공업화가 이루어짐에 따라 개발도상국 중에는 공업화에 성공하지 못해 빈곤 상태로 남아 있는 국가들이 있는데, 이들 국가를 **최빈국(最貧國: least developed country)**이라고 한다. 유엔총회는 유엔경제사회이사회의 보고에 따라 3년마다 일정한 기준에 의해 최빈국을 지정하는데 2006년 현재 지구상에는 50여개의 최빈국이 지정되어 있다. 최빈국의 기준으로는 우선 1인당 국민소득(GNI) 750달러 이하이며, 영양·보건·교육·문맹률 등에 관한 지수인 인간지수(HAI: Human Assets Index) 그리고 농작물 생산량·재화 및 서비스 수출의 안정성·제조 및 서비스 분야가 경제에 차지하는 중요도·수출품의 집중도·작은 경제규모로 인한 핸디캡 여부·자연재해로 인한 이재민 인구비율 등에 관한 경제지수가 적용된다. 최빈국은 위의 조건에 모두 부합해야 하며, 최빈국에서 벗어나기 위해서는 위 3가지 중 2가지 이상이 2회 연속 개선되어야 한다.

이와는 대조적으로 1960~1970년대를 통해 급속한 경제발전을 이룩한 선진국과 후진국의 중간에 있는 국가를 **신흥공업국**이라고 하는데, 일부에서는 중진국(中進國)이라고도 한다. 한국·대만·홍콩·싱가포르·브라질·멕시코 등이 이에 속한다. 이들 국가들은 수출지향적 공업화정책 또는 수입대체 공업화정책 등을 통해 세계의 공업생산과 공산품 수출에서 차지하는 비율의 급속한 확대, 국내 공업부문의 생산·고용 비율의 증대, 1인당 국민총생산(GNP)의 높은 성장률 등으로 대(對)선진국과의 격차를 축소하는 데 성공하였다. 그러나 1970년대 후반에 들어서면서 브라질과 멕시코는 외채위기·엄청난 인플레이션 등으로 성장이 둔화되면서 급기야는 자본축적의 동력이 쇠잔하여 이 대열에서 탈락하였다.

최근에는 2000년대를 전후해 빠른 경제성장을 거듭하고 있는 브라질·러시아·인도·중국 등 신흥경제 4국을 일컬어 브릭스(BRICs)라고도 하는데, 이는 2003년 미국의 증권회사인 골드먼삭스(Goldman Sachs)의 보고서에서 처음 등장한 용어인데 브릭스는 브라질(Brazil)·러시아(Russia)·인도(India)·중국(China)의 영문 머리글자를 딴 것이다.

국가에 따라 차이가 있기는 하지만, 이들 4개국은 1990년대 말부터 빠른 성장을 거듭하면서 새로운 신흥경제국으로 주목받기 시작하였다. 경제 전문가들은 2030년 무렵이면 이들이 세계 최대의 경제권으로 도약할 것으로 보고 있다. 브릭스는 현재의 경제성장 속도와 앞으로의 발전 가능성을 미루어 볼 때, 4개국의 성장 가능성이 가장 크다는 뜻에서 하나의 경제권으로 묶은 개념이다. 브릭스 4개국은 공통적으로 거대한 영토와 인구, 풍부한 지하자원 등 경제대국으로 성장할 수 있는 요인을 갖추고 있다. 4개국을 합치면 세계 인구의 40%가 훨씬 넘는 27억 명(중국 13억, 인도 11억, 브라질 1억 7000만, 러시아 1억 5000만)이나 된다. 따라서 막대한 내수시장이 형성될 수 있고, 노동력 역시 막강하다.

실제로도 브릭스 4개국은 2000년 이후 수요와 구매력이 빠른 속도로 증가하고, 외국인 투자와 수출 호조로 인해 높은 경제성장을 거듭하고 있다. 특히 중국은 1990년대 이래 해마다 7～10%에 달하는 초고속 성장을 계속해 왔다. 인도 역시 정보기술(IT) 강국으로 떠오른 지 이미 오래이다. 이 때문에 선진국을 비롯한 세계 각국에서는 브릭스 4개국의 막대한 시장을 선점하기 위해 치열한 경쟁을 벌이고 있다. 2003년을 전후해서는 브릭스 국가의 주식이나 채권에 집중적으로 투자하는 '브릭스 펀드(BRICs Fund)'도 등장했는데, 한국에서도 2004년 초부터 판매되기 시작했다.

이상과 같이 선진국과 대조되는 개념으로 저개발국을 지칭하는 용어들이 다양하게 사용되고 있지만, 개발도상국 또는 저개발국이라는 용어가 가장 무난하다고 판단된다.

II. 저개발국 경제의 특성

1. 낮은 소득수준과 저생산성

저개발국 경제의 가장 일반적인 특성은 낮은 소득수준과 낮은 노동생산성으로 인한 빈곤현상이다. 저개발국은 1인당 국민총생산(GNP)의 절대적·상대적 수준에 있어서 선진국과 큰 격차를 나타내며, 그 성장률도 훨씬 낮다.

이와 같은 낮은 소득수준으로 인해 보건 및 위생 상태도 열악하고 교육수준도 낮아 이것이 다시 낮은 노동생산성의 원인이 되고 있다. 낮은 소득 및 교육수준은 자본부족과 기술부족을 가져오고, 이에 더하여 불량한 영양 상태와 열악한 보건 및 위생 상태는 육체적 건강을 악화시켜 저개발국의 노동생산성도 결국 낮은 상태에 머무르게 되는 것이다.

낮은 소득수준과 낮은 생산성은 결국 상호작용하여 저개발국의 빈곤이 순환적·누적적으로 고착화되는 **빈곤의 악순환**(vicious circle of poverty) 현상을 가져다준다. 미국의 경제학자 넉시는 저개발국에서는 자본형성의 부족으로 빈곤해지고 그 빈곤 때문에 자본이 형성되지 않아 가난에서 헤어날 수 없다고 주장했는데, 이러한 빈곤의 악순환은 다음과 같은 3가지 유형을 갖는다.

첫째, 소득과 자본의 상호의존 관계에서 볼 수 있다(【그림 1】 참조).

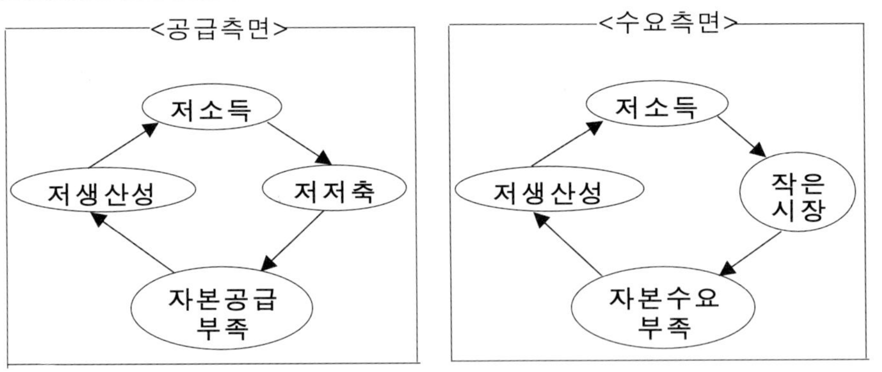

【그림 1】 빈곤의 악순환

즉 자본부족 → 저생산성 → 저소득 → 저저축 → 자본부족이며, 이는 또 저소득 → 저구매력 → 시장 협소 → 약한 투자유인 → 자본부족 → 저소득의 악순환이기도 하다.

둘째, 빈곤과 건강 사이에서 볼 수 있는데, 빈곤 → 영양부족 → 불건강 → 저생산성 → 빈곤이라는 관계이다.

셋째, 빈곤과 교육 사이에서 볼 수 있는데, 빈곤 → 저교육수준 → 저숙련도 → 저생산성 → 빈곤의 관계이다.

이러한 빈곤의 악순환은 저개발국의 빈곤상태를 영속화시키는 것이므로 어떻게 이 악순환을 단절하고 발전을 지향하는가 하는 것이 저개발국 문제의 기본과제이다.

빈곤의 악순환을 벗어나기 위한 방안으로 넉시 자신은 판로의 개척, 즉 시장의 확대를 통한 생산활동의 증대를 강조했으며, 라이벤슈타인은 후진국의 특징을 생산이 확대되더라도 곧 높은 자연인구증가율에 흡수되어 1인당 소득은 최초의 균형으로 되밀려 버리는 이른바 '발전 없는 확대'에서 찾으면서 이를 '발전을 수반하는 확대'로 만들기 위해서는 성장에 자극을 주는 최소한도의 투자가 필요하다고 주장했다.

그리고 싱거(H.W. Singer)와 허쉬먼(A.O. Hirschiman)은 빅푸시(big push)로 전략적인 산업을 발전시켜 그것을 중심으로 연관산업(linkage industries)을 이끌고 나가면 시장・기술・자본 등의 문제가 해결된다고 주장했다. 특히 허쉬먼은 **빅푸시이론(big-push theory)**에서[10)]농수산・광업・동력개발 등의 전방연관산업(forward linkage industries)은 그 자체의 산업이 발전해 가는 처음 단계에서 여타 산업에 많은 투자수요를 유발시키므로 우선 저개발국가는 이 분야에 중점적으로 투자해 기계・조선・식료품공업 등 후방연관산업(backward linkage industries)을 뒤따르게 해야 한다고 강조했다.

---

10) 빅푸시이론은 정태적인 후진국 개발이론에서 한층 나아가 낙후된 경제를 발전의 궤도에 올려놓는 개발기점 및 구체적인 개발전략을 추구하는 이론으로 로젠슈타인-로단(P.N. Rosenstein-Rodan)에 의해 제시되었다. 그에 의하면 저개발국의 전근대적 상태를 타파하려고 하는 시작국면에서는, 투자가 발전을 가로막는 경제적 장애를 극복하는 데 충분한 정도의 규모와 속도를 갖추고 있어야 한다. 이러한 그의 주장은 ① 생산함수에 있어서의 비분할성 ② 수요의 비분할성 ③ 저축공급의 비분할성 ④ 개발추진의 비분할성이라는 네 개의 이론적 가설을 바탕으로 하고 있다.

【보충학습】 국가 간의 경제력과 소득비교

▶ GDP기준의 유용성과 한계점

세계 각국은 국가 간의 경제력과 생활수준을 비교하는 지표로서 (1인당) GDP 또는 GNP를 사용하고 있다. 이 지표들은 우선 기준자체가 명확하고 산출이 비교적 간편하다는 점, 소득수준이외의 다른 모든 경제적 특징이 대체로 소득수준에 집약적으로 반영될 수 있다는 점 등의 유용성을 갖고 있다(<표 1> 참조).

그러나 GDP는 그 추계상의 문제점 때문에 한 국가의 경제활동을 정확하게 표시하지 못할 뿐만 아니라, 국민들의 경제적 후생을 제대로 반영하지 못하는 한계점이 있다.

첫째, GDP에는 시장에서 거래되지 않은 상품과 용역은 포함되지 않는다. 예) 가정주부의 가사활동, 자가소비 농산물

둘째, GDP에는 인간 후생의 큰 부분을 차지하는 여가(leisure)는 계산되지 않는다.

셋째, GDP는 물질적 생산만을 계산하고 생산과정에서 부수적으로 발생하는 수질오염, 대기오염, 교통혼잡 등과 같은 공해로 발생하는 사회적 비효용(social disutility)을 제외시키고 있다.

넷째, GDP는 밀수, 마약밀매, 사채, 음성거래, 부동산투기, 권리금 등 이른바 **지하경제(underground economy)**를[11] 전혀 반영하지 못하고 있다.

다섯째, 주식이나 채권과 같은 금융자산의 매매는 생산활동으로 인한 생산물이 아니고 자산의 교환이므로 GDP에 포함되지 않는다.

여섯째, 정부 및 기업으로부터 개인에게로 반대급부 없이 지급되는 **이전지출(transfer expenditure)**은 당기의 생산활동을 반영하지 않기 때문에 GDP에서 제외된다.

---

11) 지하경제는 과세의 대상이나 정부의 규제로부터 피하기 위해 (비)합법적 수단이 동원되어 이루어지는 숨은 경제를 의미하는데, 이는 경제정책을 무력화시킬 뿐만 아니라, 한 국가의 도덕적 기반을 붕괴시킬 수도 있다. cash economy 또는 black economy라고도 한다.

<표 1> 세계 각국의 GDP 비교 (2006)

(단위: 100만 달러)

GDP (Total)			GDP (PPP)		
순위	국가명	GDP	순위	국가명	GDP
1	미국	13,201,819	1	미국	13,201,819
2	일본	10,048,026	2	중국	4,340,133
3	독일	4,247,361	3	인도	2,906,681
4	중국	4,131,195	4	일본	2,668,071
5	영국	2,616,044	5	독일	2,345,015
6	프랑스	2,111,581	6	영국	2,230,722
7	이태리	2,039,171	7	프랑스	1,844,749
8	캐나다	1,795,437	8	이태리	1,251,463
9	스페인	1,708,434	9	브라질	1,223,988
10	브라질	1,704,756	10	러시아	1,067,962
11	러시아	1,243,440	11	스페인	986,940
12	인도	1,201,838	12	멕시코	906,268
13	**한국**	**1,152,356**	**13**	**한국**	**888,024**
14	멕시코	1,140,445	14	캐나다	839,182
15	호주	921,241	15	인도네시아	766,178
16	네덜란드	728,340	16	호주	657,590
17	터키	661,736	17	터키	402,710
18	벨기에	617,910	18	아르헨티나	392,001
19	스웨덴	603,937	19	태국	384,927
20	스위스	592,958	20	네덜란드	379,758
21	인도네시아	588,623	21	이란	364,459
29	이란	355,889	27	벨기에	254,992
31	아르헨티나	318,069	32	스웨덴	209,445
33	태국	300,816	35	베트남	189,798
57	베트남	110,296	36	스위스	181,862

자료: World Development Indicators Database, World Bank, 2007에서 재구성.

일곱째, 가격변동(주가변동, 부동산가격변동)에 따르는 자본이득도 GDP에 포함되지 않는다.

이상과 같은 한계점을 갖는 GDP개념으로는 국가간 경제력과 생활수준을 제대로 비교하기 어렵기 때문에, 최근에는 GDP에 교역조건의 변화를 반영시킨 **국민총소득(GNI: Gross National Income)** 지표가 널리 이용되고 있다.

▶ GNI

GNI는 한 국가의 국민이 일정 기간 생산활동에 참여한 대가로 벌어들인 소득의 합계로서, 실질적인 국민소득을 측정하기 위하여 교역조건의 변화를 반영한 소득지표이다. 경제여건 변화에 따라 생산활동을 통해 벌어들인 소득에 따라 구매력도 급변하므로 한 국가의 경제력을 측정하기 위해서는 생산측면뿐만 아니라 교역조건도 감안한 구매력으로 산정해야 한다는 차원에서 도입되었다.

대외거래가 많은 나라에서는 교역조건에 따라 소득수준도 달라진다. 예를 들어 수출가격은 오르고 수입가격이 내리면(교역조건 개선) 동일한 수출량으로 더 많은 수입품과 교환할 수 있게 된다. 반면에 수출가격은 내리고 수입가격이 오르면(교역조건 악화) 동일한 수출량으로 더 적은 수입품과 교환하게 되어 무역손실이 발생하는데, 이 손실만큼 구매력은 떨어지고 국민소득도 감소하게 된다.

흔히 국가간 소득수준을 비교할 때 시장환율로 환산된 달러 표시 1인당 GNI를 기준으로 삼는 경우가 많다. 그러나 시장환율은 각국 통화의 진정한 구매력과 괴리되는 경우가 많다. 예를 들어 3개년 평균 시장환율을 이용하는 방법인 세계은행의 **아틀라스 방법(Atlas methodology)**에 의하면, 2000년 현재 한국의 1인당 GNI는 8,910 달러로 미국과 일본의 1/4, 독일의 1/3밖에 안 되지만 중국에 비해서는 무려 10배가 넘는다. 그렇다면, 미국과 일본은 한국보다 4배나 잘 살고 한국은 중국보다 10배나 잘 산다고 할 수 있는가? 실제로는 이들 국가 사이의 소득수준 격차는 그렇게 크지 않다. 이는 시장환율(또는 공식환율)이 각국 통화의 진정한 구매력을 제대로 반영하지 못하기 때문이다.

<표 2> 세계 각국의 1인당 GNI 비교 (2006)

(단위: 달러)

1인당 GNI (Atlas)			1인당 GNI (PPP)		
순위	국가명	1인당 GNI	순위	국가명	1인당 GNI
1	룩셈부르크	76,040	1	룩셈부르크	59,560
2	노르웨이	66,530	2	미국	44,260
3	스위스	57,230	3	노르웨이	43,820
4	덴마크	51,700	4	스위스	40,930
5	아이슬랜드	50,580	5	홍콩	38,200
6	아일랜드	45,580	6	네덜란드	37,580
7	미국	44,970	7	아이슬랜드	36,560
8	스웨덴	43,580	8	덴마크	36,460
9	네덜란드	42,670	9	아일랜드	35,900
10	핀란드	40,650	10	영국	35,580
11	영국	40,180	11	핀란드	35,150
12	오스트리아	39,590	12	오스트리아	35,130
13	벨기에	38,600	13	벨기에	35,090
14	일본	38,410	14	스웨덴	35,070
15	독일	36,620	15	캐나다	34,610
16	프랑스	36,550	16	호주	34,060
17	캐나다	36,170	17	프랑스	33,740
18	호주	35,990	18	일본	33,150
19	이태리	32,020	19	독일	31,830
21	싱가포르	29,320	20	싱가포르	31,710
22	홍콩	28,460	21	이태리	30,550
31	**한국**	**17,690**	**29**	**한국**	23,800
55	러시아	5,780	52	러시아	11,630
103	중국	2,010	75	중국	7,740
132	인도	820	112	인도	3,800

자료: World Development Indicators Database, World Bank, 2007에서 재구성.

따라서 세계 각국의 소득수준과 경제규모를 비교할 때에는 시장환율이 아니라 **구매력평가지수(PPP: Purchasing Power Parity)**로 환산된 달러 표시 GNI를 이용하는 것이 바람직하다. 구매력평가지수는 한 나라의 GNI를 물가수준과 고려한 지수다. 동일한 제품에 대한 A, B 두 국가 간의 가격비율은 A국에서 A국 통화 한 단위로 구입할 수 있는 재화 또는 서비스와 동일한 양을 B국에서 구입하기 위해 필요한 B국 통화단위의 수를 측정한 것으로 해석할 수 있다. 이 비율이 특정 재화 또는 서비스에 대한 두 통화간의 구매력평가지수이다. 즉, 구매력평가지수는 맥도널드 햄버거의 현지 구매비용을 근거로 환율을 계산하는 빅맥지수(Big Mac Index)와 비슷한 개념으로, 상대적인 실제구매력을 의미한다.

PPP기준 GNI는 화폐의 구매력으로 GNI를 조정한 것으로 상대적인 생활수준을 더 정확히 살펴볼 수 있는데, 이 경우 생필품 가격이 상대적으로 저렴한 저개발국가의 GNI가 상대적으로 높아진다(<표 2>참조).

2. 인구과잉

전 세계 인구의 3/4를 점유하고 있는 저개발국가들은 출생률과 사망률 모두 선진국보다 높지만 보건·의료의 발달로 사망률의 격차는 점차 줄어들고 있다. 이 결과 소득수준은 낮고 실업률은 높은 인구계층이 급속하게 증가하고 있다.[12] 또한 1인당 부양율도 매우 높은데, 이는 저개발국 인구의 40% 정도가 15세 이하의 인구라는 사실에 기인하고 있다.

대부분의 저개발국에서 이러한 빠른 인구증가는 경제발전에 부정적인 요소로 간주되었다. 인구급증은 식량부족을 가져왔고, 실업문제는 사회적으로 빈곤을 만연시켰다.

---

12) 세계인구는 지난 50년간 2배 이상 증가, 61억 명으로 늘었으며 앞으로 50년간 30억 명이 더 늘어날 것으로 예상된다고 최근 새로운 유엔 보고서는 발표한 바 있다. 유엔인구국이 2001년 2월 28일 공개한 이 보고서에 따르면, 오늘날 전 세계 인구는 약 61억에 달하고 있지만, 이 수치는 오는 2050년에는 93억으로 늘어나며 이 중 개발도상국 인구가 거의 10분의 9를 차지할 전망이며, 특히 인도 한 나라가 그 6분의 1을 차지하게 된다고 한다.

특히 먹을 것 없는 사람들이 도시로 모이면서 발전이 수반되지 않은 도시화가 또는 빈민지역의 팽창에 따른 도시화가 발생하는 현상이 대부분의 자본주의 경제체제를 택한 저개발국가들이 가진 문제들이다.

2.1. 실업문제

저개발국의 대부분은 만성적인 대량실업을 겪고 있다. 이의 원인으로는 높은 인구증가율, 낮은 고용수준과 불완전한 취업상태를 들 수 있다. 저개발국가는 농촌의 몰락과 산업시설의 미비로 고용기회의 창출이 적을 뿐만 아니라, 낮은 임금수준 하에서의 장시간 노동이 가져다주는 노동공급의 증대효과와 불완전 고용은 만성적인 실업을 구조화시키고 있다.

또한 급격한 인구의 증가는 농촌에서의 **잠재실업(disguised unemployment)**을 증대시키며 도시에서의 실업문제도 더욱 심화시키고 있다. 저개발국의 평균 실업률은 보통 10～15%로 예상되는데, 불완전 취업자를 포함할 경우 30%까지 이를 것으로 추정되고 있다.

2.2. 식량문제

맬서스(Th. Malthus)는[13] 자신의 저서 『인구론』*(An Essay on the Principle of Population)*에서 인구법칙과 식량공급의 한계성을 논의했는데, 그 후 200년이 지난 현재까지도 이 문제는 두드러진 현상으로 나타나고 있다. 특히 20세기에 들어와 많은 저개발국들은 1차산업이 지배적인 후진적인 경제구조와 폭발적인 인구증가로 저성장과 더불어 식량난을 겪고 있다.

---

13) 영국의 경제학자(1766～1834)로 그의 저서 『인구론』에서 인구는 기하급수적으로 증가하나 식량은 산술급수적으로 증가하므로 인구와 식량 사이의 불균형이 필연적으로 발생할 수밖에 없으며, 여기에서 기근 · 빈곤 · 악덕이 발생한다고 했다. 이러한 불균형과 인구증가를 억제하는 방법으로 도덕적 억제를 들고 있다. 그밖에 차액지대론, 과소소비설, 곡물법의 존속 및 곡물보호무역정책도 주장했다.

선진공업국들은 공업화와 함께 농업의 기술적 혁명도 이루어 식량을 증산하고 잉여분을 수출할 수도 있었던 반면, 저개발국들은 공업화가 저조한 농업국의 지위를 유지하면서 식량의 자급자족도 어려울 뿐만 아니라, 식량가격도 폭등해 저개발국의 후진성을 더욱 심화시키고 있다.

특히 최근에는 인구증가와 더불어 지구 온난화와 기상악화로 인한 농산물의 작황 부진에 따른 생산량 감소, 바이오 연료 등 대체연료 활성화, 농산물 경작지 감소, 중국과 인도 등 브릭스 국가들의 경제성장으로 인한 곡물수요 증가, 국제유가의 급등으로 인한 곡물의 생산·유통비용 증가, 유동성 증가에서 비롯된 투기자본의 유입 등의 원인으로 소맥·옥수수·대두 등 주요 곡물의 국제가격이 2~3배나 폭등해 저개발국의 경제난을 심화시키고 있으며, **애그플레이션(agflation)**이라는[14] 신조어도 등장했다.

3. 전근대적 산업구조

저개발국에서는 일반적으로 영세하고 전통적인 생산방법에 의거하는 농업·어업·수공업 등 전통적 산업(traditional industries)이 중심을 이루고 있다. 그리고 대다수의 인구는 농촌에 집중되어 전체 노동력의 60% 이상이 농업에 종사하고 있고 농업생산이 GNP에서 차지하는 비중도 20% 정도로 선진국의 3%에 비해 매우 높다.

우리나라의 경우도 1961년 당시 농림어업 인구는 전체 노동력의 2/3, 생산은 GNP의 1/3을 차지하는 전근대적 산업구조를 나타냈으나, 이 부문의 인구는 지속적으로 감소되어 2007년 말 현재 170여만 명으로 전체 취업자의 7.4%, 생산은 GNP의 4% 정도에 불과하다.

저개발국의 경우 공업 자체도 전근대적인 생산방법에 의존하는 노동집약적인 경공업이 중심이 되고 있어 매우 낮은 노동생산성을 나타내고 있다.

---

14) 애그플레이션이란 농업(Agriculture)과 인플레이션(Inflation)을 합성한 용어로 농산물 가격이 오르면서 전체 물가도 영향을 받아 인상되는 현상을 의미한다. 예컨대 곡물가격이 상승하면 곡물소비를 통해 생산되는 육류, 유제품 등의 가격이 동반 상승되고 결국은 전체 물가도 영향을 받게 되는 것이다.

일반적으로 저개발국의 산업구조는 제1차 산업의 비중이 지나치게 높고 제2차 산업의 비중은 매우 낮거나 제3차 산업의 비중이 타 산업에 비해 지나치게 높아 국민경제의 유기적 발전을 저해하기 때문에 산업구조의 고도화정책이 요구된다. 산업구조의 고도화란 먼저 제2차 산업의 비중이 높아지고, 제2차 산업 중에서도 중화학공업의 비중이 높아지는 것을 의미한다. 그러므로 산업구조의 고도화정책이란 제2차 산업 중에서도 중화학공업을 집중적으로 지원·육성함으로써 산업구조를 근대화시키려는 일련의 정책을 지칭하며 유치산업보호정책, 기간산업육성정책, 중화학공업육성정책, 수출산업지원정책 등이 대표적인 사례이다.

4. 이중구조

우리가 보통 **이중구조(dualism)**라고 할 때 그것은 한 경제에 있어서 현대적 부문(modern sector)과 전통적 부문(traditional sector)이 병존하고 있는 상태를 의미하는데, 따라서 근대화된 교환경제부문과 전통적·자급자족적 생산부문이 병존하고 있는 대부분의 저개발국은 구조적으로 **이중경제(dual economy)**라고 할 수 있다. 경제발전에 장애가 되고 있는 것은 이러한 이중구조의 존재 자체보다는 오히려 이중구조가 심화되고 또 두 부문 간의 격차가 확대되고 있다는 사실이다. 즉 현대적 부문의 발전이 전통적 부문으로 파급되어 가지 않고 주변의 미발달된 전통적 부문으로부터 오히려 자본이나 숙련노동력을 흡수해 가는 역류효과가 작용하는 것이다. 이것은 식민지시대에 설립된 광산·**플랜테이션(plantation)**[15] 등과 같은 현대적 부문이 갖는 성격에서 유래된다.

---

15) 서양인이 자본·기술을 제공하고 열대의 노동에 견딜 수 있는 원주민·이주노동자의 값싼 노동력을 이용해서 단일경작(單一耕作)을 하는 기업적인 농업경영을 말한다. 농작물은 무역품으로서 가치가 큰 향신료작물·고무·차·삼·키나·커피·카카오·사탕수수·바나나·담배 등이 있다. 현재는 민족주의의 앙양과 고무·섬유 등에 대한 합성품의 발명으로 예전과 같은 성황은 볼 수 없으며, 특히 쿠바와 인도네시아에서는 그 변화가 크다. 또한 최근에는 경영상 안정의 이유로 단일재배에서 다각경영으로 이행하는 경향이 뚜렷하다.

제2차 세계대전 이후 공중위생 · 의료수준의 향상에 의해 사망률의 저하와 인구증가율의 상승이 초래되어 노동력이 급격히 증대했으나, 이 노동력은 주로 농업이 더욱 노동집약적으로 되는 형태로 흡수되어 전통적 부문의 1인당 생산량을 오히려 하락시켰다.

그리고 저개발국의 정부가 취한 공업화정책에 의해서도 이중구조는 더욱 심화되었다. 공업화를 위한 저금리정책에 의해 농업부문에서의 자금부족이 극심하게 되어 금리가 상승했다. 또한 공업부문에 주어진 보호관세 · 사회간접자본 · 유리한 환율의 차별적 적용 등은 이중구조를 더욱 심화시키고 생산력과는 유리된 양 부문 간 임금수준의 격차를 초래했다.

이상과 같이 저개발국의 이중구조는 결코 일시적이 아닌 만성적 현상이며, 현대적 부문과 전통적 부문 사이의 생산성 내지 발전의 격차는 경제발전의 과정에서 완화되기는커녕 오히려 심화되는 데 많은 문제를 낳고 있는 것이다.

5. 외채와 경제위기

경제발전의 초기 단계에서는 외채에 대한 의존도가 낮은데, 그 이유는 수출에서 제1차 산업의 상품이 주종을 이루고 국내자원도 잉여상태에 있으므로 자본에 대한 수요가 적기 때문이다. 그러나 경제발전이 본격적으로 진행되면 각 부문에서 자본에 대한 수요가 폭발적으로 증대하게 되어 수출과 민간저축의 증대만으로는 자본을 조달하지 못할 경우 외채부담을 질 수밖에 없다.

외채의 규모와 관련된 경제발전의 단계와 과정은 특정 국가의 상황에 따라 상이할 것이지만, 어떤 국가에서 경제발전의 과정에서 소득의 성장에 비해 외채의 규모가 더 크게 증가한다면 그 국가는 외채로 인한 경제위기에 직면하게 될 것이다.

물론 어떤 국가에서 외채의 규모가 지속적으로 증가하더라도 그 국가가 보유하고 있는 외자도입의 능력이 향상될 경우, 예컨대 총저축이 증가되거나 조세-GNP 비율의 증가, 한계자본-산출비율의 감소, 무역수지 적자의 감소, 높은 고용의 산출탄력성, 균등한 소득분배 등은 외자도입 및 상환능력을 향상시킬 것이다.

그러나 오늘날 많은 저개발국들은 외채의 규모가 급속하게 증대하는 가운데 심각한 경제위기를 맞고 있다. 이와 같이 외채부담이 과중하게 되는 이유로는 주요국 통화의 잦은 환율변화, 원유 및 원자재 가격의 급락, 선진국의 보호무역장벽, 저개발국으로의 자본이동 감소, 높은 수준의 실질 국제금리의 유지 등을 들 수 있다.

최근에 와서는 전통적으로 외채문제에 신음하고 있던 아르헨티나, 브라질, 칠레 등 3개국 이외에도 수많은 신흥 개발도상국들이 외채부담으로 인한 경제위기의 국면을 맞고 있는데, 유럽의 발틱 3국(리투아니아, 에스토니아, 라트비아), 베트남・인도・필리핀・인도네시아・파키스탄 등 아시아국가 등이 이에 해당된다. 이들 국가의 공통점은 과잉 유동성으로 세계경제가 '거품호황'을 누릴 때 외채를 과도하게 차입하여 경제발전을 추진했다는 사실이다. 현재 이들 국가는 **서브프라임 모기지(Sub-prime Mortgage)** 사태로[16] 세계 금융시장의 신용이 경색되어 해외차입의 길이 막혀 유동성 위기를 겪고 있을 뿐만 아니라, 원유 등 국제 원자재 값의 상승으로 인한 국제수지의 적자도 불어나 심각한 외환위기에 직면할 가능성이 높다.

6. 성장과 화폐환상

1960년대에 들어와 많은 저개발국들은 고도의 경제성장을 지향했으나, 급속한 경제성장은 극심한 인플레이션 하에서 이루어짐으로써 국민들은 명목가치의 상승에 따른 **화폐환상(money illusion)**에[17] 빠지고 그 결과 지속적인 경제발전이 지체되고 소득분배의 불균형이 심화되는 부작용이 초래되었다.

16) 서브프라임 모기지는 미국에서 신용등급이 낮은 저소득층을 대상으로 고금리로 주택마련 자금을 빌려 주는 비우량 주택담보대출을 의미하는데, 연체율 상승으로 서브프라임 모기지에 투자한 펀드와 금융회사가 연쇄적으로 손실을 보면서 신용경색 우려가 글로벌 금융 위기로 번졌다.

17) 화폐는 불변의 구매력을 가진다고 생각하고 화폐의 실질적 가치의 증감에 대하여는 인식하지 못하는 상태를 의미한다. 따라서 물가수준의 변화는 사람들이 받는 화폐소득의 실질가치에 영향을 주어 변화를 일으키게 되는데, 사람들이 화폐환상에 사로잡힐 경우에는 실질가치를 불변한 것으로 간주, 명목상의 가치에 경제행동을 의존하게 된다.

특히 민간부문의 소비지출 · 투자수요 · 정부지출 · 수출수요 등 총수요가 총공급을 초과해 발생하는 수요(견인)인플레이션(demand-pull inflation)의[18] 경우 기업은 편익을 얻지만 노동자는 비용을 부담해 소득분배의 불균형을 심화시킨다. 즉 기업은 초과이윤을 획득해 자본축적으로 GNP가 높은 성장률을 달성할 수 있으나, 고(高) 물가의 추세 속에서 왜곡된 소득분배로 계층 간의 소득격차는 커지는 것이다.

완만한 인플레션의 경우에는 기업의 투자의욕 증대, 고용기회의 확대 등으로 고도의 경제성장이 가능할 수 있으나, 급속한 인플레이션의 경우에는 기대했던 실질금리의 편익이 감소되어 저축의욕도 감퇴되므로 경제성장을 위한 투자재원의 조달이 어렵게 된다. 따라서 어느 정도 수준의 인플레이션은 경제성장의 과정에서 나타나는 불가피한 현상이라고 하더라도, 물가안정은 국민경제의 건전한 성장을 유지시킬 수 있는 기반이다.

7. 불평등의 심화

저개발국은 일반적으로 평균적인 소득 · 자산 · 부 등의 수준이 선진국보다 훨씬 낮으면서도 분배의 불평등 정도는 더 크다. 이러한 현상은 공업 · 농업부문, 도시 · 농촌부문 등 부문 간의 불균형과 비연관성에 기인하는 구조적인 성격을 갖는다. 저개발국에 있어서 불평등은 성장정책 그 자체에 의하여 심화된 측면이 있다. 저개발국의 분배상의 불평등이 자산 및 부의 영역에서 더욱 극심하여, 이것이 소득불평등은 물론 기회의 불평등을 가져와 전반적인 경제적 불평등을 심화시켜 왔다. 이러한 자산 및 부의 불평등은 저개발국 각각의 역사적 · 제도적 · 문화적 요인들에 따라 서로 차이가 있고 국가권력의 성격에 따라서도 차이가 있을 수 있다. 그렇다고 하더라도 상대적으로 폐쇄된 사회에서 급속한 산업화를 추진하는 과정에서 이러한 자산 및 부의 불평등이 심화되어 온 것이 일반적인 경향이다.

18) 수요견인인플레이션과는 대조적으로 생산비용을 반영하는 공급 측면의 요인에 의해 발생하는 인플레이션을 비용인상인플레이션(cost-push inflation)이라고 한다. 인플레이션을 일으키는 공급측면의 요인으로는 임금, 원자재 등 생산요소의 가격상승과 예상물가수준의 상승을 들 수 있다.

자산 및 부는 대개 소득의 원천이 되는 것으로, 이 불평등은 소득분배를 악화시키는 요인으로 작용한다. 특히 경제활동에 있어서 각 개인의 부존자원에 의해 기회가 크게 결정되므로, 이는 기회의 불균등을 야기하고, 다시 이것은 소득뿐만 아니라 자산 및 부의 불평등을 가져오게 된다.

그리고 이러한 경제적 불평등은 비단 경제적인 요인뿐만 아니라 정치권력의 소수에의 집중, 비민주적 권력의 행사 등과 같은 정치적 요인과도 직접 관련된다. 정경유착(政經癒着)으로 표현되는 독과점의 지배가 저개발국에 있어서 불평등의 상징으로 인식되는 이유도 여기에 있다.

8. 대외적 종속

지금까지 살펴 본 저개발국 경제의 대내적 특성은 이들 국가가 선진경제에 종속되어 있다는 대외적 특성과 불가분의 관계에 있다. 저개발국의 대부분은 식민지로서의 역사적 경험을 갖고 있으며, 정치적 독립을 쟁취한 이후에도 선진국이 주도하는 국제경제질서에 편입되어 종속적인 지위에 놓여 있다. 식민지에 침투한 선진 자본주의 제국은 자신의 이윤추구에 적합하게 식민지의 경제구조를 왜곡시키고 경제적 잉여를 수탈해 갔다. 따라서 식민지의 경제는 식민모국의 부속물이 되어 파행적인 구조를 갖게 되고 내부의 발전기반은 파괴되었다. 이처럼 왜곡된 경제구조를 물려받은 식민지국가는 정치적 독립을 획득했음에도 불구하고 자립적인 경제구조를 수립할 수 없게 되고 결국 선진제국에 의존하게 되는 것이다.

이러한 종속관계는 대외적으로는 경제적 잉여의 유출, 불리한 교역조건, 열악한 국제 교섭력 등을 가져와 선진국과의 격차를 더욱 확대시킬 뿐만 아니라, 저개발국의 성장패턴을 규정해 구조적인 자립을 저해한다. 따라서 저개발국 경제의 현재 상황은 외부적 요인과 내부적 요인이 상호 작용한 결과로 볼 수 있다.

제4장

경제발전의 이론

I. 고전학파의 경제발전이론

고전학파(classical school)의[19] 경제발전이론은 애덤 스미스, 맬서스, 리카도, 밀 등 영국의 고전학파 경제학자들을 중심으로 전개되었는데, 자본축적과 인구증가를 경제발전의 주요 원동력으로 파악하고 있다.

1. 애덤 스미스[20]

애덤 스미스 경제사상의 핵심은 자유주의 경제사상인데, 모든 각 개인들이 자연적인 법질서 하에서 자유로이 자신의 이익을 추구해 나간다면 시장의 가격기구(price mechanism)라고 할 수 있는 **'보이지 않는 손(invisible hand)'**의 작용에 의해 개인의 부는 물론 사회 전체에 부와 번영을 가져다준다는 것이다. 따라서 경제발전은 자유경쟁상태에서 가격기구에 의해 가능하므로 수급균형을 위한 국가의 의식적인 노력은 불필요하므로 국가는 각 개인의 이기적인 경제활동을 자유로이 방임하고 국방・사법・공공사업 또는 공공시설의 유지 등과 같은 최소한의 역할만 해야 한다는 **야경국가론(night watchman state)**을 주장했다.

애덤 스미스는 한 국가의 경제발전은 개인의 경제적 자유의 확보 정도에 달려 있다고 생각했다. 국부라는 것은 상품생산의 증대에 의해 가능한 것이고, 상품생산은 노동생산성의 증대와 생산적 노동자 고용의 증대에 의해 가능하다고 보았다.

---

19) 고전학파는 18세기말부터 19세기 중엽에 걸쳐 영국에서 농업혁명・산업혁명에 수반하여 자본주의경제가 성립하는 역사적 정황을 배경으로 중상주의(Mercantilism)와 중농주의(Physiocracy)의 학설을 비판하면서 성립하여 경제학의 큰 줄기를 이룬 학파이다. 이 고전학파는 학자에 따라 다소 차이는 있으나, 자유경쟁을 전제로 하고 노동가치설을 택하며, 시장을 매개로 하는 생산・분배의 입체적 분석을 추진함으로써 경제학을 하나의 과학으로 체계화하는데 성공했다.

20) 애덤 스미스(1723～1790)는 스코틀랜드 출신의 정치경제학자이자 윤리철학자이다. 후대의 여러 분야에 큰 영향을 미친 『국부론』*(An Inquiry into the Nature and Causes of the Wealth of Nations)*의 저자로서 고전학파 경제학의 대표적인 이론가인 애덤 스미스는 일반적으로 경제학의 아버지로 여겨지며 자본주의와 자유무역에 대한 이론적 기초를 제공했다.

그런데 노동생산성의 증대를 위해 **분업(division of labor)**의[21] 이점을 강조했는데, 분업의 발달은 시장의 확대에 의해, 시장의 확대는 교환의 발달에 의해 그리고 교환의 발달은 각 개인들의 교환에 대한 욕구의 확대에 의해 가능하다고 보았다. 그리고 생산적 노동자 고용의 증대는 그것을 가능케 하는 임금기금의 축적에 의해, 임금기금의 축적은 자본축적에 의해 가능한데, 자본축적은 투자를 위해 저축하고자 하는 성향에 의해 가능하다고 주장했다.

그는 경제발전을 일단 시작되면 누적적으로 진행되는 경향을 갖는다고 했는데, 그 이유는 인구의 증가로 시장규모가 확대되고 저축의 증대로 자본축적이 가속화되고 기술진보는 전문화(분업)를 촉진해 생산력이 확대되고 그 결과 국민소득이 증대되기 때문이다.

결국 한 국가의 경제발전은 각 개인들이 자신의 물질적 이익을 추구하는 행위가 아무런 간섭 없이 자유로이 보장될 때 '보이지 않는 손'에 의해 자동적으로 가능하게 되는데, 이 과정에서 분업과 자본축적을 위한 저축을 강조한 것이 애덤 스미스의 경제발전론의 요지이다. 이러한 그의 경제발전에 대한 견해는 이후 다소의 수정을 요구받기는 했지만, 현재까지도 서구 자본주의 시장경제에서 경제발전이론의 기조(基調)로 존립해 오고 있다.

2. 맬서스[22]

맬서스는 인구론과 수확체감의 법칙에 따라 선진 경제의 장래에 대해 비관적인 견해를 피력했다. 고전학파의 경제발전이론에서는 자본축적과 더불어

21) 애덤 스미스는 노동생산성의 향상을 위해 분업을 강조하면서 핀(pin)공장을 예로 들었는데, 핀의 생산공정을 18개의 독립된 조작으로 나누었을 경우 핀의 생산성은 240배나 증가한다고 했다. 그는 분업에 의한 생산성 증대가 가능한 이유로 노동자 각자의 기능향상, 한 작업에서 다른 작업으로의 이동시간 절약, 기계의 발명 등을 제시했다.

22) 맬서스(1766~1834)는 영국의 경제학자로 주요 저서 『인구론』*(An Essay on the Principle of Population)*에서 인구는 기하급수적으로 증가하나 식량은 산술급수적으로 증가하므로 인구와 식량 사이의 불균형이 필연적으로 발생할 수밖에 없으며, 여기에서 기근·빈곤·악덕이 발생한다고 주장했다. 이러한 불균형과 인구증가를 억제하는 방법으로 도덕적 억제를 들고 있다.

인구증가가 매우 중요한 역할을 하고 있는데, 이는 맬서스의 최저생존임금에 관한 이론에 잘 나타나 있다.

최저생존임금이란 노동자가 자기 자신 및 가족의 생계를 유지하는 데 필요한 최소한의 임금을 의미하며, 실질임금이 최저생존임금보다 높으면 인구가 증가하고 노동공급이 증가하여 주어진 토지에 대하여 수확체감의 법칙이 작용하므로 임금은 다시 최저생존임금 수준으로 하락한다. 한편 실질임금이 최저생존임금보다 낮을 경우에는 사망률이 증가하고 출생률도 감소하여 실질임금은 다시 최저생존임금 수준으로 회복된다. 따라서 노동의 장기공급은 최저생존임금의 수준에서 결정된다는 것이다.

그는 경제발전의 요인으로 공급측면에서 인구증가, 자본축적, 토지의 비옥도, 기술진보 등 생산능력을 증대시키는 요인들을 강조하지만, 생산능력이 아무리 증대되어도 **유효수요(effective demand)**가 이를 따르지 못할 경우 실제로 생산물 공급의 증대는 불가능하다며 **세이의 법칙(Say's Law)**을[23] 비판했다. 공황은 유효수요의 부족에 의한 과소소비로 인해 발생한다고 주장한 그는 후에 마르크스, 케인스(J.M. Keynes) 등에 영향을 주었다.

3. 리카도[24]

리카도는 수확체감의 법칙과 맬서스의 인구법칙에 기초해 경제발전론을 전개했는데, 농업을 경제의 가장 중요한 부분으로 간주했고 증식되는 인구에 대한 식량의 마련이 어렵다는 사실을 강조했다.

---

23) 세이의 법칙은 프랑스 경제학자 세이(Jean-Baptiste Say, 1767~1832)에 의해 제시된 주장으로, 흔히 말하는 '공급은 스스로의 수요를 창출한다(Supply creates its own demand)'라는 말로 요약할 수 있다. 경제 전체적으로 봤을 때 일단 공급이 이루어지면 그만큼의 수요가 자연적으로 생겨나므로, 유효수요의 부족에 따른 공급과잉이 발생하지 않음을 의미한다.

24) 리카도(1772~1823)는 영국의 경제학자로 고전학파의 창시자인 애덤 스미스의 이론을 계승·발전시켜 고전학파 이론의 완성을 위해 노력했다. 노동가치설에서 출발, 분배론에 이르는 이론을 『경제학 및 과세의 원리』*(Principles of Political Economy and Taxation)*에 저술했다. 그밖에 차액지대론, 임금생존비설 등을 제창했으며, 무역이론에서는 비교생산비설을 주장했다.

그리고 애덤 스미스가 주로 국부(國富)의 성장에 관심을 가진 반면, 리카도는 부의 분배에 관심을 집중했다. 그는 사회적 생산물의 분배를, 노동력을 제공하고 대가를 받는 노동자계층, 노동자를 고용하고 생산과정을 조직하여 이윤을 얻는 자본가계층, 희소한 생산요소인 토지를 소유하고 있다는 기득권만으로 지대(地代)라는 수입을 얻는 지주계층 등 세 계층에게 이루어지는 것으로 보았다.

자본가는 자본의 유리한 사용기회를 모색하는 계층으로 자본의 이윤율이 각 분야에 균등하도록 하여 효율적인 자원배분을 도모하는데, 경제발전 과정에서 추진적인 역할을 담당하기 때문에 이윤이 확대되고 재투자되어 자본축적이 이루어지는 것이 가장 바람직하다고 생각했다. 그는 노동자를 전적으로 자본가에 의존하는 계층으로 보았다.

경제발전의 초기단계에서는 인구가 자연자원에 비해 상대적으로 적어 이윤율·저축률·임금율 등이 높지만, 생산이 증대되고 인구가 증가하면 토지의 양은 일정하므로 수확체감의 법칙이 작용하여 이윤이 감소해 노동수요도 감소되어 임금이 하락하기 시작해 생존수준까지 이르면 다시 인구는 감소하게 되어 결국 임금은 생존비 수준(subsistence level)으로 수렴한다는 **임금생존비설(the subsistence theory of wages)**을 주장했다.

지주에게는 지대가 주된 수입인데, 지대는 인구가 증가하고 자본축적이 활발할 때 증가한다. 리카도는 지주를 무위도식하는 계층으로 비난했다. 이러한 소득분배에 대한 견해는 **곡물법(corn law)**[25] 철폐의 주장으로 이어져 리카도는 값싼 곡물을 외국에서 수입하여 지주계층에게 돌아가는 지대를 줄여야 한다고 주장했다.

25) 곡물의 수출입을 규제하기 위하여 제정한 영국의 법률로 1815년에 제정하여 1846년에 폐지한 영국의 곡물법이 대표적이다. 산업혁명의 진행·인구증가·나폴레옹전쟁 등으로 곡물수요가 증대하여 가격이 등귀하자 지주는 폭리를 얻었으나, 나폴레옹전쟁의 종결로 곡물가격이 폭락하고 농업공황이 일어나 파산자가 속출하였다. 이에 지주계급이 그들의 이익을 보호하기 위하여 외국산 소맥의 수입금지를 규정함으로써 종래의 이익을 확보하려 마련된 것이 곡물법이다.

4. 밀

고전학파 경제학을 집대성한 밀은 경제발전을 자연에 대한 인간의 지배력 증대, 생명과 재산의 안전의 증대, 협업(協業) 능력의 증대 등으로 해석하고 경제발전은 경제적 요인과 비경제적 요인의 결합에 의해 이루어진다고 주장했다.

그는 선진국과 후진국을 명확하게 구분해 후자의 정체성(stagnation)의 원인을 다방면으로 구명했으며, 선진경제의 자본축적을 통한 진보는 언젠가는 정지하고 정상상태(stationary state)에 처하게 될 것이라고 예상하고 이를 저지하는 방안을 찾는데 전념했다. 그는 경제번영을 위해 자유무역과 자유생산을 강조하고 특히 소작농업은 농업의 생산성을 저하시키고 농촌의 자본축적을 감소시킨다는 사실을 주장했다.

이상에서 본 고전학파의 대표적인 경제학자들의 경제발전에 대한 견해를 종합해 고전학파의 경제발전이론을 요약하면 다음과 같다.

첫째, 고전학파는 경제의 정체상태에 대한 원인을 수확체감의 법칙과 인구법칙을 바탕으로 설명했는데, 경제적 발전에 따라 지주계급은 점차로 부유해지는 반면 노동자의 생계비는 상승하고 자본가의 소득(이윤)은 감소하게 된다. 이윤의 하락은 자본축적을 통한 경제발전을 둔화시키는데, 이윤율이 최저수준에 이르게 되면 경제는 정체상태에 도달하게 된다는 것이다.

둘째, 고전학파의 발전이론이 자본축적을 경제발전의 원동력으로 본 것은 자본주의적 성장의 본질을 잘 파악한 것으로 볼 수 있으나, 기술진보가 없고 토지가 유한하여 토지의 한계생산력이 감소하는 농업중심의 경제를 바탕으로 하고 있기 때문에, 농산물 생산비용의 상승으로 인해 지속적인 성장이 이루어질 수 없다는 비관적인 경제발전을 예측하고 있다.

셋째, 경제발전에 있어서 자본이 갖는 중요성을 부인할 수는 없지만, 고전학파의 발전이론서 자본의 지나친 강조는 농업이나 산업에 있어서 생산양식을 지속적으로 변화시키는 중요한 요인인 기술진보의 특성을 과소평가하고 있다.

II. 마르크스의 경제발전이론

마르크스도 경제발전을 위해 시장의 확대가 매우 중요하다는 고전학파의 견해에 동의하였다. 즉 그 시대에 한창 진행되고 있던 시장의 확대가 자본주의의 발전을 위한 핵심이라고 인정했지만, 그러나 그것은 어디까지나 하나의 역사적 단계에 불과하다고 보았다.

마르크스는 역사는 진화한다고 믿고 자본주의는 이러한 역사적 진화과정에서 거쳐야 하는 필수적인 단계로 이해했다. 마르크스는 자본주의에 대한 비판적 견해를 갖고 보이지 않는 손에 의한 자본주의의 조화적 측면에 반해 부조화, 즉 계급투쟁에 집중하여 궁극적으로 자본주의의 멸망과 공산(사회)주의사회의 필연적 도래를 예언했다.

근대 자본주의사회에 있어서 생산 · 유통 · 분배 등을 지배하는 제 법칙을 명백히 하고 자본주의사회의 경제적 발전법칙을 구명한 마르크스의 이론 및 사상체계는 19세기 유럽의 세 가지 중요한 사상적 조류인 독일의 고전철학, 영국의 고전학파경제학 그리고 프랑스의 사회주의학설을 그 원천 또는 구성부분으로 하고 있다.

독일의 고전철학은 헤겔(G.W.F. Hegel)이 중심이 된 관념론철학을 의미하는데, 헤겔은 당초부터 존재하는 세계의 절대정신이 정(正) · 반(反) · 합(合)의 과정을 밟아 마침내는 자신을 자각하게 된다는 관념론적 변증법(觀念論的 辨證法: idealistic dialectic)을 주장하였는데, 마르크스는 포이에르바흐(L.A. Feuer-bach)의 영향을 받아 헤겔의 변증법을 차용하되 관념 대신 물질이라는 개념을 도입하여 **유물론적 변증법(唯物論的 辨證法: materialistic dialectic)**을 주장했다.

또한 마르크스는 영국의 중상주의자들을 비롯해 애덤 스미스, 리카도, 맬서스 등 고전학파의 영향을 많이 받았는데, 그의 노동가치론과 잉여가치론은 고전학파경제학의 영향을 받아서 이루어진 산물이었다. 그리고 마르크스는 생시몽(C.H.d.R. Saint Simon), 푸리에(F.M.C. Fourier) 등 프랑스 사회주의자들의 공상적 사회주의사상도 비판적으로 계승 · 발전시킴으로써 그의 이론적 · 사상적 체계를 형성했다.

1. 유물사관과 계급투쟁론

마르크스와 엥겔스의 가장 큰 관심사는 역사 · 철학 · 자연과학 · 노동계급의 정책과 전술 등에 유물론적 변증법을 적용해 경제학의 전체를 근본적으로 개조하는 것이었다. 마르크스는 자연과 사회에 내재되어 있는 모든 것은 끊임없이 운동 · 변화한다는 변증법적 견해를 인간사회에 적용함으로써 인간사회의 역사적 발전에 관한 일반적 법칙을 설명하는 **유물사관(唯物史觀)** 또는 **사적(史的) 유물론(historical materialism)**을 정립하고 공산주의에 관한 그의 주장을 경제학을 통해 자본주의적 생산양식의 필연적 붕괴로 설명하려고 했다.

유물사관 또는 사적 유물론의 정립으로 마르크스주의는 그 이론적 토대를 마련하게 되었다. 사적 유물론에 의하면 인간은 생산을 중심으로 일정한 사회적 관계를 맺게 되는데, 한 시대의 생산관계는 그 시대의 생산력에 의해 결정된다고 했다. 생산력과 그에 따른 생산관계라는 경제적 요인은 사회의 **토대(base)**이며, 정치제도 · 법률 · 사상 · 종교 · 문화 등은 이 경제적 토대 위에 구축된 **상부구조(superstructure)**이다. 따라서 이 토대가 변화하면 이에 따라 상부구조도 바뀌게 되는데, 생산력은 정지해 있는 것이 아니라 인간의 지능, 과학기술의 발달에 의해 발전한다. 그 때는 새로운 생산력과 낡은 생산력 사이에는 양립할 수 없는 **모순(矛盾)**이 발생하고, 이 모순은 낡은 생산관계의 유지에서 이득을 보는 유산계급(지배계급)과 새로운 생산관계의 창설로 이득을 볼 수 있는 무산계급(피지배계급) 사이의 투쟁으로 이전된다. 즉 종래의 생산관계를 파괴하고 새로운 생산관계를 실현하려는 사회혁명이 피지배계급에 의해 일어나 마침내 새로운 생산관계가 생겨나고 이에 따라 정치제도를 비롯한 상부구조도 바뀐다는 것이다.

마르크스와 엥겔스는 당시까지 인류역사에 나타난 원시공산주의사회 · 고대노예사회 · 중세봉건사회 · 근대자본주의사회 등 여러 사회제도의 출현과 붕괴와 생산력과 생산관계의 모순이라는 사회발전의 법칙에 의거해 설명하면서 자본주의사회도 이 법칙에 따라 붕괴된다는 결론을 내렸다.

사적 유물론의 핵심은 자본주의사회에서 생산력과 생산관계의 모순은 반드시 프롤레타리아트혁명을 유발하고 이 혁명의 승리에 의해 자본주의적 생산관계는 파괴되며 마침내 생산수단의 공유를 기초로 하는 공산주의사회에 도달한다는 점에 있다. 따라서 사적 유물론은 일종의 **계급투쟁사관(階級鬪爭史觀)**으로 볼 수 있다.

마르크스는 생산력의 발전에 따라 자본주의사회가 출현하기까지의 유럽의 역사를 계급투쟁의 관점에서 서술하고 부르주아지계급이 인류의 역사에서 수행한 진보적 역할을 높이 평가했지만 동시에 부르주아지가 이룩한 자본주의사회도 그 내재적 모순으로 발생하는 프롤레타리아트의 계급혁명에 의해 붕괴된다고 예언했다. 그러나 이때까지도 그들은 자본주의사회가 필연적으로 붕괴할 수밖에 없는 이유에 관한 경제학적 이론을 구체적으로 제시하지 못하고 있었다.

2. 노동가치론과 잉여가치론

마르크스는 『자본론』(*Capital, A Critique of Political Economy,* 1867)에서 자본주의적 생산양식(capitalistic mode of production)은 한 계급의 다른 계급에 대한 착취를 그 기본적 특성으로 하고, 이 착취의 경제적 결과가 궁극적으로 자본주의의 멸망으로 귀결됨을 보여주려고 했다. 마르크스가 자본주의에서 착취의 논리를 설명하려고 고안한 경제이론이 **노동가치론(theory of labor value)**과 이에 근거한 **잉여가치론(theory of surplus value)**이다.

노동가치론은 **노동력재생산비설**이라고도 하는데, 고전학파가 수립한 임금생존비설을 계승·발전시킨 것이다. 마르크스는 임금의 본질을 고전학파가 말하는 '노동의 자연가격'이라고 하는 관점을 발전시켜 노동과 노동력을 구분하여 가치를 가진 것은 노동력이라고 하여, 임금의 본질은 '노동력'의 가치이고, 그것이 노동의 가격으로 나타난다고 하였다.

노동가치설에 의하면 노동력의 가치는 노동자계급의 유지와 재생산에 필요한 생존수단을 생산하는데 필요한 노동시간에 의해 결정된다. 한 상품의 가치는 그 상품을 만드는데 직접 간접으로 투입된 **사회적으로 필요한(socially necessary) 노동의 양**(노동자가 투입한 노동시간으로 측정)에 의해 결정되는데, 이것의 총 가치는 임금보다 크다. 자본가는 노동자의 생활을 보장하기 위해 노동력을 구매하지 않는다. 예를 들면 1인의 노동자가 하루 동안 필요한 생존수단을 생산하는데 필요한 노동시간이 6시간이고 자본가가 계약상 노동자를 10시간 일하게 한다면, 4시간의 사회적 필요노동시간에 해당하는 상품의 가치가 자본가에게 귀속되는 잉여가치로 발생한다. 마르크스는 앞의 6시간을 필요노동시간이라고 하고, 뒤의 4시간을 잉여노동시간이라고 했는데, 이 잉여노동시간의 생산가치가 **잉여가치(surplus value)**가 되고 이 부분이 자본가에게는 가치증식분이 되는 것이다. 이것이 바로 근대 자본주의사회에 있어서의 **착취방법**인 것이다.

그리고 여기에는 분명히 등가교환의 법칙이 이행되고 있다. 즉 자본가는 가치대로 노동력을 구매하면서 잉여가치를 취득할 수 있는 것이다. 따라서 노동자에 의해 생산된 총 가치는 임금으로 노동자에게 지불되는 부분과 **잉여가치**로서 자본가가 수취하는 부분을 합한 것이 된다.

3. 자본주의의 붕괴

마르크스에 의하면 총생산물의 가치는 불변자본(C), 노동력의 가치인 가변자본(V) 및 잉여가치(S)로 이루어지므로 다음과 같은 식이 성립된다.

S/V : 잉여가치율(착취율)
$S/(C+V)$: 이윤율
C/V : 자본의 유기적 구성도

한편 자본가들 사이의 극심한 경쟁관계는 계속적인 자본축적과 생산확대를 통한 경쟁을 유도하게 되며, 이러한 생산확대 과정에서 추가적인 노동수요는 임금을 상승시켜 노동의 잉여가치를 감소시킨다. 이에 따라 자본가들은 더 많은 잉여가치의 획득을 위해 임금상승으로 인해 상대적으로 저렴해진 자본(기계)으로 노동을 대체시키는데, 이를 **자본의 유기적 구성도(organic composition of capital)**를 높인다고 표현하였다. 자본의 유기적 구성도(C/V)를 높이게 되면 이윤율이 하락하게 되어 자본가는 더욱 더 자본의 유기적 구성도를 높이고 이에 따라 이윤율은 더욱 더 하락한다.

자본의 유기적 구성도를 높인다는 것은 자본이 노동을 대체한다는 것, 즉 실업자(**산업예비군: industrial reserve army**)의 증가와 임금수준이 생존비 수준까지 하락하여 소비수요가 위축된다는 것을 의미한다. 이러한 과정이 심화되면 경제적 공황이 닥치게 되고 결국 노동자들의 봉기에 의해 자본주의는 멸망하게 되고 공산주의로 이행하게 된다고 주장했다.

4. 평가

이상과 같이 요약될 수 있는 마르크스의 경제발전에 대한 견해는 다음과 같은 비판을 받고 있다.

첫째, 유물사관에 의한 **결정주의(determinism)**가 진리라고 한다면 인위적인 혁명의 필요성은 없으며 오로지 필연적이거나 숙명적인 역사적 발전단계설만이 성립되므로 마르크스의 혁명론은 궁지(dilemma)에 빠지게 된다.

둘째, 유물사관에 의한 역사발전의 5단계설은 미완성으로 종식되었으며, 특히 마지막 단계에 해당되는 사회주의사회에 관해서는 이론적인 공헌을 찾아보기 어렵다. 그리고 역사적 발전단계의 순위는 공식에 불과하며 역사적인 현실과는 불일치할 경우가 많다(예: 중국, 신생후진국).

셋째, 마르크스의 예언과는 달리 오늘날 선진 자본주의국가들은 광범위한 경제계획과 사회정책을 통해 소득(균등화)정책을 시행함으로써 저소득층의 수입을 증대시켜 중산층을 구축하고 민주주의의 기반도 공고히 했다. 또한 마르크스가 자본주의의 불치병으로 확신했던 경제공황은 국가의 재정정책으로 관리되고 있어 그의 경기변동에 대한 주장의 타당성도 크게 감퇴되었다.

넷째, 마르크스는 20세기의 기업가(entrepreneur)와 중산층의 출현을 예상하지 못했고 자본가(capitalist)와 기업가를 혼동했다.

다섯째, 기술발전의 혜택이 노동자들에게도 돌아간다는 사실도 간과했다. 실제로 자본의 유기적 구성도의 고도화는 노동생산성의 향상도 수반하여 노동자에게도 증대된 생산 분(分)이 분배되어 노동자의 실질임금이 상승했다.

이와 같은 문제점에도 불구하고 현재까지도 마르크스의 이론이 불멸의 영향력을 유지하는 것은 그의 혁명적 정열과 억압당하는 자들의 해방이라는 이데올로기이며, 순수한 경제학보다는 사회적·정치적 내용도 포함하고 있다는 점이다.

그리고 그는 놀랄만한 일련의 가설·추리·예언을 했는데, 사회학적 요소를 도입해 계급관계에 자본주의 경제의 근본적인 범주를 두었으며, 자본주의의 몰락을 위해 노동자들의 계급의식과 투쟁으로 프롤레타리아트 독재 하의 **계급 없는 사회**(classless society)의 건설을 역설해 노동자 대중과 빈곤한 자들의 감성을 자극시켰고 젊은 지성인들의 정의감을 북돋아 주었다.

III. 슘페터의 혁신론

오스트리아 출신으로 20세기 최고의 미국 경제학자로 평가되고 있는 슘페터(J.A. Schumpeter)는 모든 사회과학의 영역을 통합하여 독자적인 경제이론의 체계를 수립했다. 그의 경제발전이론의 핵심은 이윤 추구를 위하여 기업가가 행하는 새로운 생산방법과 새로운 상품개발 등의 기술혁신인데, 이와 같은 발전이론의 구상은 그의 대표 저작인 『경기순환론』(*Business Cycles*, 1939)에 잘 나타나 있다.

1. 기업가정신

기업가(entrepreneur)는 기술혁신의 기회를 발견하고 그것을 실천하는 사람인데, 그들은 새로운 기술이나 새로운 상품, 새로운 조직 또는 새로운 자원을 개발하는 기회를 포착해 새로운 기업을 일으킨다. 기업가는 반드시 자본가일 필요는 없다. 기업가는 기업을 위한 자본을 다른 사람으로부터 조달하는데, 이때의 자본공급자가 자본가(capitalist)이다.

그리고 기업가는 경영자(manager)나 발명가(inventor)가 되어야 한다는 법도 없다. 기업가는 경영자를 선택해 조직을 움직이도록 배려할 뿐이며, 새로운 기술을 도입함에 있어서도 그는 자신이 기술을 발명하는 것이 아니라 발명가의 업적을 이용한다. 요컨대 기업가는 자본가의 자본, 발명가의 기술, 탐험가가 발견한 자원, 경영자의 경영능력 등을 어떻게 새로운 형태로 결합하느냐 하는 방법을 알아내는 것이다. 기업가의 이러한 끊임없는 활동의 결과로 이루어지는 **기술혁신(technological innovation)**에 의해 경제는 진보한다는 것이다.

그는 『경제발전의 이론』*(Theorie der wirtschaftlichen Entwicklung, 1912)* 에서 균형과 최적 배분보다는 혁신적인 기업가에 의해 초래된 동태적 불균형이 건강한 경제의 규범이고, 경제의 이론과 경제 실천에 있어 중심적인 현실이라고 가정하며 이전까지 기업가를 경제외생 변수로 포함시키고 있던 고전학파 경제학에 도전했다.

슘페터가 주장한 것은 현재의 안정된 상황을 파괴하고 새롭게 나아가는 '**창조적 파괴(creative destruction)**'에서 리더로서의 공헌자를 '기업가'로 정의했고, 창조적 파괴를 위한 방법으로 '혁신'을 강조했다.

그리고 슘페터는 기술혁신을 이룩하려는 기업가의 이러한 정신을 **기업가정신(entrepreneurship)**이라고[26] 했다.

슘페터는 경기의 변동과 경제의 발전은 **혁신**에 의해 이루어지며, 혁신을 일으키는 중심체는 **기업가**이며, 자본주의사회 발전의 핵심은 혁신을 창출해 내는 **기업가정신**이라고 주장했다.

슘페터에 의하면 이윤이란 바로 창조적 파괴행위를 성공적으로 이끈 기업가의 정당한 노력의 대가이다. 그런데 한 기업가가 혁신을 이뤄 이윤을 얻게 되면 혁신적인 기업가의 창조적 파괴행위는 곧 바로 모방되어 사회 전체적으로는 점차 이윤이 소멸하게 된다. 경기순환은 이와 같은 창조적 파괴가 주기적으로 이어져 나타나는 자본주의 경제의 고유한 현상이라는 것이 그의 설명이다.

저개발국의 경제는 투자의 증진과 혁신의 진전 그리고 구조의 변화와 함께 지속적인 발전이 이루어질 수 있기 때문에 기업가정신이야말로 경제발전에 있어서 매우 중요한 요소가 된다고 할 수 있다.

---

26) 슘페터 이후 기업가정신을 이야기할 때 가장 많이 언급되는 사람은 '현대 경영학의 아버지'로 불리는 피터 드러커(Peter Drucker) 박사이다. 그는 기업가정신을 '위험을 무릅쓰고 포착한 기회를 사업화하려는 모험과 도전의 정신'이라고 이해했다.

2. 혁신

슘페터는 경기의 상승국면은 기업가에 의한 신기술의 도입, 즉 새로운 생산함수의 도입에 의해 출현하고 경기의 후퇴국면은 그 정리과정에 해당한다고 보며, 이러한 경기순환이론을 **혁신이론(innovation theory)**으로 지칭했다.

혁신(innovation)이란 노동·자본·기술 등의 생산요소를 결합하는 새로운 방법을 만들어내는 것인데, 그 결과 생산함수의 내용이 달라지고 생산비곡선 형태의 변화와 전면적인 하향이동(downward shifting)이 이루어진다. 혁신은 기존의 과학적 기술적 지식을 현실에 응용하여 새로운 가치를 창출하는 것을 의미하기도 하는데, 발명(invention)이나 기술이전(technology transfer) 또는 확산(diffusion)과는 구별되는 개념으로 새로운 상품의 제조 또는 개발, 새로운 생산방법의 도입, 새로운 시장의 개척, 원료나 반제품의 새로운 공급원의 정복, 새로운 산업조직의 수행 등을 그 내용으로 한다.

슘페터는 혁신이야말로 경제발전의 동인(動因)인 동시에 경기순환과정, 즉 자본주의경제의 동태적 과정을 이해하는 데 있어서 본질적인 것이라고 주장했다. 만약 혁신이 존재하지 않은 상황에서 노동인구의 성장보다 빠른 속도로 자본축적과정이 진행되면 자본이윤율은 장기적으로 저하경향을 나타내게 될 것이다.

그러나 기업가가 수행하는 혁신은 새로운 자본이윤이 성립할 수 있는 기회를 부여한다. 이 경우 혁신에 필요한 자본조달은 은행의 신용창조에 의해 이루어지며, 다른 생산자들보다 한층 높은 가격을 자진해서 지불함으로써 자신이 필요로 하는 생산수단을 흡수 또는 전용하여 새로운 것이 무(無)로부터 창조된다. 그리고 혁신이 성공을 거두고 그 방법이 널리 사회에 보급되어 모방자에 의한 혁신과정이 집단적으로 발생하게 될 경우 이 국면이 바로 경기의 상승국면이 되고 그 다음의 정리과정에서 불황이 야기된다.

슘페터는 경제발전을 위한 자본의 동원에 있어서 은행의 신용창조 기능을 크게 중요시하고 기술혁신의 과정이 은행의 신용창조와 밀접한 관련이 있다고 했는데, 이 점이 바로 경제발전과 경기변동이 불가분의 관계에 있다는 슘페터의 모형이 갖는 불안전성의 원인이다. 그 이유는 혁신을 위한 투자가 은행의 대출에 의해 급속히 증가하면 소득이 증대되고 물가도 상승하지만,

은행대출금을 변제하게 되면 통화량은 감소되고 물가도 하락하여 경제는 정체 또는 침체상태에 이르게 되기 때문이다.

3. 자본주의의 장래

혁신의 과정은 하나의 창조적 파괴의 과정이다. 이는 혁신기업의 상품을 보다 저렴하게 공급하면 기존의 기업들이 파괴 또는 축소되기 때문이다. 슘페터는 마르크스의 견해와는 매우 대조적으로 자본주의체제의 성공 그 자체가 사회주의체제로의 이행을 불가피하게 한다고 주장했는데, 그 이유로는 다음과 같은 점들을 지적하고 있다.

첫째, 자본주의의 발전은 기업의 집중화, 거대화(중소기업의 대기업으로의 흡수)를 가져와 기술진보는 대기업집단에서 고도로 훈련된 경영자집단의 개인적인 일이 아니라 평범한 일상사가 되어버린다.

둘째, 기업가의 중요성이 점점 저하된다. 슘페터는 이를 **기업가적 기능의 파멸**(obsolescence of the entrepreneurial function)이라고 했는데, 주식회사, 법인체 등의 설립으로 소유와 책임의 분산을 가져와 기업가는 이윤보다 단순히 임금을 받는 노동자 계급으로 전락한다.

셋째, 노동자들은 자본주의적 생산양식이 발달할수록, 즉 기계에 의한 생산, 경영조직의 대규모화로 인해 인간적 가치를 상실하게 되어 무력감을 느끼는 현상인 **노동의 인간소외** 또는 노동의 비인간화를 겪게 된다.

넷째, 자본주의가 발달할수록 독점화가 진행되어 결국 군소(群小) 생산자와 상인들의 파멸을 가져다준다.

다섯째, 물질적 번영을 이루면 노동자 계급은 여유와 여가의 상태에서 불평과 불만을 토로하고 자본가는 타성에 젖고 고루해져 노동자와 자본가는 날카롭게 대립하게 된다.

슘페터는 이상과 같은 현상들로 인해 자본주의는 풍성한 번영과 포화상태로 멸망한다고 예언했다.

4. 평가

슘페터는 경제발전이 점진적이며 조화로운 과정이라고 인식한 신고전학파에 반대해 경제의 흐름을 대폭적이며 불연속적인 도약으로 특징 지웠다. 그는 자본주의경제는 수많은 위험과 불확실성의 고비를 넘는 창조적 파괴의 과정에서 발전한다고 보았다. 또한 그는 맬서스의 인구법칙과 수확체감의 법칙에 의한 경제의 정체가능성을 배제했을 뿐만 아니라, 리카도와 마르크스의 계급 간의 대립도 크게 부각시키지 않고 노동자 계층도 경제발전의 수혜자로 인식했다.

그러나 슘페터의 견해는 다음과 같은 몇 가지 측면에서 비판을 받고 있다.

첫째, 슘페터의 분석은 고전학파의 동태모형과 같이 시간의 경과를 정확하게 묘사하지 못하고 막연하게 사회적 동향을 기술하는 데 그치고 있다.[27]

둘째, 그의 예언과는 달리 후세의 기업가들은 새로운 혁신을 지속적으로 실현하고 있다.

셋째, 대부분의 학자들은 사회주의에 의해 자본주의가 대체될 것이라는 주장에 대해 회의를 갖고 있으며, 슘페터 자신도 자본주의가 언제 어떻게 사멸할 것인가에 대한 구체적이며 확실한 설명을 내놓지 못했다.

이러한 비판에도 불구하고 슘페터의 모형에는 자본주의의 나아갈 길이 뚜렷하게 제시되어 있는데, 그것은 개척자적인 기업가정신을 부단하게 실현하는 것이다.

IV. 장기정체이론

1. 장기정체의 개념

자본주의경제는 장기적으로는 결국 침체상태에 처할 것이라는 논의는 이미 경제학사의 초기인 고전학파 시기부터 존재하고 있었다.

---

27) 슘페터는 자본주의시대의 동태적인 경제과정을 정체상태에서 혁신적인 기업가의 출현, 은행의 신용창조와 그에 따른 강제저축에 의한 혁신의 수행, 혁신이 가져온 충격에의 적응과정 등으로 파악했다.

애덤 스미스가 이미 자본주의경제의 정체를 예언했고, 리카도와 맬서스도 자본주의의 장래를 비관적으로 예측했다. 그리고 이후의 마르크스와 슘페터도 자본주의경제의 궁극적인 쇠락을 예언함에 있어서 예외는 아니었다. 그러다가 케인스 이후에 와서 자본주의경제의 정체문제가 이론적으로 표면화되기 시작했으며 한센(A.H. Hansen)에 의해 가장 체계적으로 전개되었다.

자본주의경제는 그의 발전단계가 고도화되어 감에 따라 경제발전의 초기에 보여 주었던 활력을 점차 잃어버려 경제성장률이 낮아지고 만성적인 실업이 발생하게 된다. 완전고용 소득수준에 있어서 저축의 규모는 점차로 증대하는 경향이 있는 데 반하여 투자의 규모는 상대적으로 감소하는 경향을 보여 왔는데, 이는 생산능력의 확대를 소비능력이 따라가지 못하고 있었다는 사실을 의미한다. 따라서 **장기정체(secular stagnation)**란 장기적으로 보아 경제성장률이 둔화되고 실업이 증가하는 현상이라고 볼 수 있다. 즉 잠재산출량($\boldsymbol{Y_p}$)과 실제산출량($\boldsymbol{Y_a}$) 간의 격차가 심해지는 현상이다. 그러나 실제 고용량이 증대하더라도 장기정체현상이 존재할 수 있다는 점, 즉 장기정체의 과정 속에서도 실제 소득수준은 증대될 수 있다는 사실에 유의해야 한다(【그림 2】 참조).

그리고 경기순환에 있어서 호황은 일반적으로 약하고 짧게 지속되는 반면 불황은 강하고 길게 지속되는 경향을 나타낸다. 따라서 장기적으로 보면 경제는 확실히 만성적인 장기정체의 경향을 보인다고 할 수 있다.

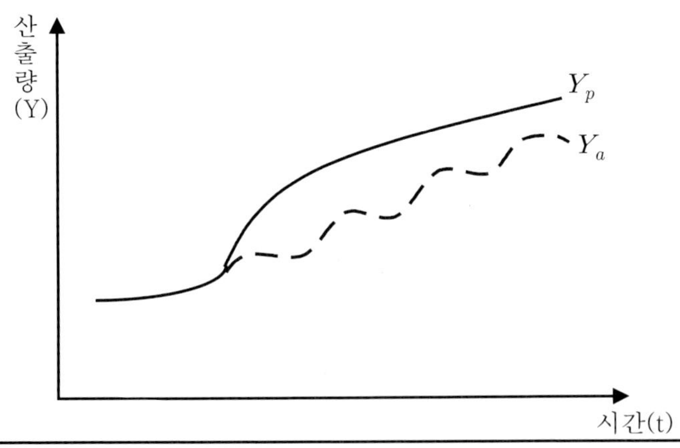

【그림 2】 장기정체의 경로

2. 한센의 장기정체이론

장기정체이론(secular stagnation thesis)은 케인스학파의 거두인 미국의 한센에 의해 전개되었는데, 1930년대에 들어와서 미국 경제가 경제적으로 성숙(economic maturity)단계에 도달하여 정체하는 상태가 단순한 경기순환적인 불황현상과는 구분되는 역사적인 사실이라는 인식을 바탕으로 하고 있다. 이와 같은 정체상태 하에서는 경제가 주기 전체를 통하여 성장을 지속한다고 하더라도 잠재적 확장의 여지를 상당히 많이 남겨두면서 완전고용 하의 국민총생산의 추세와 현실적인 국민총생산 추세와의 사이의 차이(gap)는 점차 커지게 되어 경제는 정체로 인하여 만성적으로 대량실업에 직면하게 된다.

한센은 급속한 인구증가와 새로운 영토의 개척, 새로운 자원의 개발 그리고 급속한 기술진보가 순투자를 자극함으로써 국민소득을 증대시키는 주요 요인으로 보았다. 그러나 그는 인구증가율이 둔화되고 새로운 영토도 확대되지 못하며 기술진보의 속도도 둔화됨에 따라 투자가 위축되어 실제소득의 증가율은 잠재적인 완전고용 소득수준의 상승률과 점점 괴리되어 경제는 장기적인 정체상태에 이르게 된다고 주장했다. 요컨대 그는 자본주의 경제의 장기정체의 원인으로 인구증가율의 체감, 저축성향의 증대, 자본절약적인 기술혁신의 도입, 미개척지(frontier)의 소멸, 독점의 일반화 등을 지적했다.

그런데 장기정체는 위에서 언급한 국민소득을 증대시키는 주요 요인이 새로운 투자에 장기적으로 불리하게 작용하여 발생되는 현상이기 때문에, 단순히 이자율을 인하함으로써 투자의 증대를 기대하기는 곤란하다. 따라서 장기정체 하에서 완전고용을 달성하기 위해서는 이자에 비탄력적인 자발적 투자, 즉 공공투자가 요구된다. 그래서 한센은 자본주의경제의 정체를 극복하기 위해서 케인스 이론에 입각한 금융 및 재정정책을 적극적으로 주장했는데, 이것이 바로 그가 말하는 보정적 또는 경기적 재정정책(compensatory or cyclical fiscal policy)이다.

이와 같은 한센의 이론은 지나치게 과장되었다는 일부의 비판이 있기는 하지만, 뉴딜(New Deal)정책을 통하여 미국경제의 불황극복을 위한 정책에 크게 반영되었으며, 이후 해러드(R.F. Harrod), 도마(E.D. Domar), 히긴스 등에 의해 더욱 발전되면서 현대 경제학의 중심적인 조류가 되었다.

V. 종속이론

1. 종속이론의 형성

경제발전이론은 1960년대에 이르러 뚜렷이 대비되는 두 가지의 흐름으로 전개되는데, 그 하나는 신고전학파적 입장으로 원조(援助)성장론에서 이어지는 근대화론의 시각이고, 다른 하나는 종속이론적 시각인데 정치경제학적 입장을 반영한다.

종속이론(dependency theory)은 저개발국의 후진성이나 그 원인을 설명한 이론으로 저개발 또는 후진성의 원인을 저개발국의 대내적 요인보다 저개발국이 선진 자본주의국가들과 맺고 있는 대외적 종속관계에서 찾고 있는 이론으로서 선진국과 저개발국은 상호의존(interdependence)관계가 아니라, 저개발국의 독립성과 자율성이 결여된 채 선진국에 종속(dependency)되어 있는 관계에 있다고 본다.

종속이론은 제2차 세계대전 이후 주로 라틴아메리카(이하: 남미) 여러 나라의 당시 구체적 현실과 경험을 기초로 하여 남미의 사회학자와 정치학자들에 의해 제기되었다. 남미의 여러 국가들은 16세기 이후부터 1929년에 발생한 세계경제대공황 시기까지는 주로 제1차 산업 제품의 수출에 의존하는 대외지향적인 경제발전을 추진해 왔다. 그러나 세계경제대공황과 이로 인한 전 세계적인 극심한 경제적 불황으로 인하여 수출경제에 타격을 입은 남미의 여러 국가들은 새로운 발전전략을 모색해야 했는데, 외국자본 계열기업의 국유화와 함께 적극적인 수입대체(import substitution) 공업화의 추진이 바로 그것이다.

그러나 제2차 세계대전의 종료와 함께 남미의 고립성이 해체되는 한편, 수입대체 공업화의 부진에 따른 수출주도형 성장론의 부활, 국내적 · 국제적 소득격차의 확대, 다국적기업 세력의 팽창, 관료적 권위주의 등의 현상이 나타났다. 이에 따라 남미의 학자들은 '저발전이란 무엇인가?' 또한 '저발전이 지속되는 원인은 무엇인가?' 라는 질문을 제기하게 되었는데, 이러한 저발전에 대한 문제의식이 종속이론이 탄생하는 근거가 되었다. 이들은 서유럽 사회의 근대화론적 경제발전이론이 남미의 현실에는 적합하지 않다고 판단하여 남미에 적합한 새로운 이론적인 틀을 구축하고자 했다.

한편 종속이론이 남미에서 발전하게 된 직접적인 계기는 1960년대에 추진된 수입대체 산업화전략이 실패하여 대외의존도를 감소시키지 못한 점, 내부적으로 소득불평등이 심화된 점, 다국적기업에 의한 산업화, 정치적으로 군부세력의 권력 장악 등의 현상으로 기존의 근대화이론에 대한 철저한 부정 하에서 남미지역의 사회적·정치적·경제적 실체를 설명하고자 한 의도라고 볼 수 있다.

종속이론은 1950년대 프레비시를 중심으로 한 유엔 산하의 **남미경제위원회(ECLA: Economic Commission for Latin America)** 소속의 경제학자들에 의해 처음 형성되었으며, 1960년대에는 칠레의 프랑크 등을 중심으로 하는 유엔 산하 남미사회경제계획연구소 소속의 사회과학자들에 의해 발전되었고, 1970년대에 남미의 여러 학자들에 의해 이론적 작업이 진행되었다.

종속이론 속에는 각기 다른 분석방법을 갖는 **구조주의(Structuralism)**와[28] **신마르크스주의(Neo-Marxism)**의[29] 양대 계보가 혼재되어 있는데, 종속이론으로 분류되는 연구의 범위와 내용은 반드시 일치하지 않는다.

---

28) 인간이 경험하는 현상에 대한 설명은 그 현상의 배후에서 작용하면서 현상만을 보아서는 판명할 수 없는 보편적 구조 또는 본질적인 것에서 찾아야지 단순히 현상에 대한 실증적 연구만으로는 현상을 제대로 설명할 수 없다는 인식하에서 개인의 행위나 인식 등을 궁극적으로 규정하는 총체적인 구조와 체계에 대한 탐구를 지향한 현대 철학사상의 한 경향이다.

29) 국가를 자본가계급의 계급지배 도구로 간주하는 전통적인 마르크스주의의 입장을 견지하면서도, 국가가 정책과정에서 어느 정도 자율성을 지닐 수 있음을 인정하는 이론적 지향을 말한다. 모든 사회적 현상을 생산양식과 생산관계로 설명하려는 경제결정론적인 고전적 마르크스주의의 사고에 한정하지 않고 인간의 주체적 인식과 해방적 의식을 강조하는 경향의 마르크스주의적 노선이다. 흔히 정통 마르크스주의라고 일컬어지고 있는 마르크스-레닌주의(Marx-Leninism)는 소련 공산주의의 지배적 이데올로기가 되었으나, 제2차 세계대전을 거치면서 나치즘과 파시즘에 대항하여 싸운 지식인들은 마르크스주의를 새롭게 해석하고자 했다. 신마르크스주의자들은 한편으로는 계급투쟁이론을 특징적으로 부각시키고 교조적 마르크스주의를 내세워 독재체제를 이끌어 온 소련 공산주의의 왜곡된 이론을 비판하고, 다른 한편으로는 서구적 자본주의의 체제에서 경험하는 인간소외를 극복하고 해방적 의식을 실현하려는 데 주된 관심을 바쳐 왔다. 그러나 신마르크스주의는 하나의 독특한 사상적 노선이라기보다는 주로 제2차 세계대전 이후에 나타난 다원적 노선의 공통된 경향을 일컫는 말이다. 그리고 신마르크스주의자들로는 루카치(G. Lukács), 샤프(A. Shaff), 마르쿠제(H. Marcuse) 등과 같이 동구권의 학자들도 다소 있지만 대개가 공산국가가 아닌 지역의 학자들이다.

2. 종속이론의 전개

종속이론은 남미의 저개발을 분석하는 다양한 시각을 제시해 왔는데, 그것의 전개에 대해서는 어떤 일치된 견해는 존재하지 않는다. 그러나 일반적으로 종속이론은 다음과 같이 크게 세 가지 부류로 나눌 수 있다. 하나는 유엔 남미경제위원회(ECLA)와 관계된 학자들의 구조적인 접근이며, 둘째는 마르크스주의 및 신마르크스주의의 입장이다. 그리고 셋째는 마르크스적인 입장과 구조적인 접근을 모두 활용하는 것이다.

2.1. 구조적 접근

세계경제대공황을 계기로 1차 산품의 수출에 대한 과도한 의존이 그 취약성을 드러내자 ECLA에 소속된 경제학자들은 선진국에서 형성된 경제발전이론이 후진국의 저개발 문제를 다루는 데는 부적합하다고 보고, 이를 제대로 분석하려면 구조적인 접근(structural approach)이 필요하다고 주장했다.

프레비시는 구조주의적 입장에서 저개발을 분석했는데, 중심-주변(center-periphery)의 개념을 처음 사용하여 비교우위론에 입각한 국제분업론의 허구성을 비판했다. 그는 선진국의 주요 수출품인 공산품의 가격은 저개발국의 1차 산품에 비하여 소득탄력성이 크기 때문에 양자 간에는 구조적이며 만성적인 국제수지의 적자가 초래되어 무역조건에 있어서 저개발국은 선진국에 종속될 수밖에 없다고 주장했다. 그리고 생산성의 향상에서 초래되는 이윤도 불공평하게 분배된다고 보았는데, 중심국의 경우 생산성이 증대되면 그 혜택이 임금인상 등을 통해 중심국에 돌아가지만, 주변국의 경우 생산성이 증대되어도 수출품의 가격인하만을 가져다준다고 주장했다. 그 이유는 중심국이 수출하는 공산품은 불완전경쟁시장에서 거래되지만 주변국이 수출하는 1차 산품은 완전경쟁시장에서 거래되기 때문이다.

이와 같은 관점에서 그는 시장가격의 파동으로부터 원자재 수출국을 보호하기 위한 국제적인 협정의 체결과 저개발국의 대내적인 수입대체 공업화 전략을 강조했다.[30)]

프레비시의 이러한 시각은 1960년대 종속이론에 영향을 주면서 푸르타도(C. Furtado), 선켈(O. Sunkel) 등에 의해 계승·발전되었다. 푸르타도는 브라질에서 상파울로(Sao Paulo) 근처의 중남부 지역에 경제활동이 집중됨으로써 소득분배의 지역별 격차가 심화된 현상에 주목하여, 소득집중의 억제를 통하여 소외받는 일반 국민들에게도 경제발전의 과실이 골고루 분배되어야 한다고 주장했다. 한편 선켈은 저개발을 세계자본주의 발달과정의 결과물로 보고, 경제발전을 이룩하려면 빈곤한 대중의 참여, 철강·석유화학 등 중공업에 대한 투자, 토지의 재분배, 수출산업에 대한 정부의 간섭 등이 필수적이라고 주장했다.

이상과 같이 구조적 접근을 취하는 종속이론은 국가발전의 장애요인으로 외부적 요인뿐만 아니라, 남미 내부의 토지소유의 불평등과 같은 내부적 요인도 함께 강조했다. 그리고 국가발전을 위해 대내외적인 장애요인의 제거만 주장하고 계급투쟁이나 혁명이 필요하다고 보지는 않았다.

2.2. 마르크스적 접근

종속이론의 두 번째 부류는 마르크스적인 접근으로 마르크스주의와 신마르크스주의로부터 연유된 것인데, 특히 고전적 마르크스주의자들에 대한 통렬한 비판에서부터 제기되었다.

고전적 마르크스주의자들은 자본주의가 발전하면 전 세계의 생산방식과 인구 대다수의 생활수준이 점차 일치하게 되리라고 기대했으며, 마르크스와 레닌도 이 과정에서의 불균등성을 강조하면서도 선진 지역과 후진 지역간 격차의 심화현상은 미처 예상하지 못했던 것이다.

---

30) 프레비시는 싱거와 함께 저개발국 1차 산품의 교역조건은 장기적으로 악화되는 반면, 선진공업국 공업제품의 교역조건은 개선됨에 따라 양측 간의 교역에서 발생되는 이익이 선진공업국 측에 흡수당해 버려 저개발국의 경제적 후진성이 해소되지 않는다는 **프레비시-싱거 가설(Prebisch-Singer Hypothesis)**을 주장했다. 이 가설은 개발도상국 1차 산품과 선진공업국 공업제품간의 교역조건이 장기적으로 어떤 추세로 변동되고 있으며 이에 따른 무역이익이 양측에 어떻게 배분되며 그것이 개발도상국의 경제개발에 어떤 영향을 미치고 있는가를 규명하려고 시도한 이론이다.

마르크스적 접근에 큰 영향을 미친 사람은 바란(P.A. Baran)이다. 그는 제국주의의 팽창과 저개발국의 공업화 추구 사이에는 기본적으로 이해가 상충된다고 보았는데, 그 이유로 선진국들은 저개발국 내부의 엘리트들과 함께 저개발국에서 자본주의의 발전을 억압함으로써 잉여를 얻을 수 있다는 점을 강조했다.

즉 저개발국의 잉여가 외국자본에 의해 수탈당하고 국내의 엘리트들에 의해 잉여가 사치성 소비로 낭비되기 때문에 저개발국의 경제가 정체상태에 빠진다고 보고, 이를 해결할 수 있는 방법은 혁명밖에 없다고 주장했다.

① 저개발심화론

칠레의 프랑크는 바란의 논의를 더욱 발전시켜 **저개발심화론(development of underdevelopment)**을 주장했는데, 주요 내용을 요약하면 다음과 같다.

첫째, 세계자본주의의 발전은 오늘날 저개발국의 거의 모든 지역을 국제적·국내적 중심-위성의 관계 속에 편입시켰다. 세계자본주의체계는 중심부와 변방의 위성지역으로 양극화되어 중심부의 주변부에 대한 지배와 착취로 주변부에서는 저개발이 심화된다.

둘째, 선진국들은 과거에 미개발된(undeveloped) 적은 있었으나 결코 저개발된(underdeveloped) 적은 없었다. 따라서 남미의 본래 모습도 저개발이 아니라, 자본주의가 침투되기 이전의 미개발이다.

셋째, 서구의 발전은 제3세계에 대한 경제적 잉여의 착취(exploitation)를 통해서 가능하기 때문에 현재 후진국의 저개발 현상은 모두 자본주의체제 자체의 내적 모순의 결과이다.

그는 저개발의 원인은 서구와의 격리가 아니라 서구와의 접촉에 있으므로 세계 자본주의체제 내에서 종속된 주변국은 자체적으로 경제발전이 불가능해 저개발을 지속할 수밖에 없다고 보고, 저개발을 종식시키고 발전을 이룩하기 위한 유일한 대안은 중심-위성(metropolis-satellite)이라는 세계자본주의체제와의 관계를 끊고 혁명을 통해 사회주의적 발전방식을 추구하는 것이라고 주장했다.

② 신종속론

브라질의 도스 산토스(T. Dos Santos)는 프랑크와 유사한 견해를 가졌지만 프랑크가 중심-주변 관계에 의해 주변의 잉여가 착취되는 것을 저개발의 주요 요인으로 본 반면, 그는 종속이라는 국제적인 관계에 의해 조건 지워진 내부구조를 주목하면서 **신종속론(new dependency theory)**을 주장했다.

도스 산토스는 '특정 국가의 경제가 그 국가를 지배하는 다른 나라의 경제적 발전과 팽창에 의해 조건 지워지는 상황'을 종속이라고 규정하면서, 일부 국가(지배국)는 팽창하여 자립하지만, 일부 국가(종속국)는 지배국의 팽창에 의해 종속의 형태를 띠게 된다고 했다. 또한 그는 가장 낙후된 종속부문에서 가장 진보한 지배적 부문으로의 자원의 이전현상이 불평등의 원인이 되고 또 이를 심화시킨다고 주장했다. 예컨대 무역관계에 있어서는 종속국으로부터 독점적 지위의 지배국으로 잉여가 이전되고, 금융관계에 있어서는 지배국이 차관과 자본수출에 근거하여 종속국에 대한 이자와 이윤의 수취가 불평등의 원인이 된다고 하며 다음과 같이 세 가지 형태의 역사적 종속관계를 제시했다.

첫째, **식민지적 종속(colonial dependency)**이다. 이것은 상업자본과 식민모국이 식민지의 경제관계를 직접 지배하는 형태로 선진국이 후진국의 무역, 토지, 광산, 노동력 등을 독점했다.

둘째, **금융-산업적 종속(financial-industrial dependency)**이다. 이것은 중심부 대자본의 팽창과 후진국 1차 부문으로의 침투로 인해 나타나는 유형인데, 중심부의 자본이 위력을 발휘하면서 중심부에서 소비될 원료나 1차 산품을 주변국에서 얻기 위해 투자하는 것이다.

셋째, 새로운 형태의 종속으로 **신종속(new dependency)** 또는 **기술-산업적 종속(technological-industrial dependency)**이라고도 한다. 이것은 제2차 세계대전 이후 다국적기업이 후진국의 국내시장을 목표로 투자함으로써 발생되는 형태의 종속인데, 종속국의 생산구조에 영향을 미치고 저개발국의 생산체계는 국제적 관계에 의해 기본적으로 규정된다.

이와 같은 종속적 산업화로 창출된 생산구조는 노동력을 고도의 착취적 관계 속에 위치시켜 노동자들의 구매력을 약화시키며, 자본집약적 기술을 채택하여 고용효과를 낮출 뿐만 아니라, 국내에서 창출된 잉여를 해외로 유출시켜 내부시장의 성장을 제한시킨다고 주장했다.

도스 산토스의 신종속 개념은 프랑크의 저개발심화론의 일면성을 극복했다는 점에서 프랑크의 논의와 연장선상에 놓여 있으면서도 그 적용범위를 확대했다는 의의를 지닌다. 즉 종속적 재생산구조와 그에 의해 창출된 사회경제적 제도들을 이해하기 위해서는 대자본의 독점적 통제, 고도의 기술력의 독점에 기초해 국제적·국내적 수준에서 불균등한 발전을 야기하는 세계적인 경제관계망의 한 부분으로서의 인식이 필요하다는 점에서 프랑크의 논의와 맥을 같이 한다. 그러나 비록 파행성을 지니지만 경제규모의 성장이 이루어진다는 점에서 프랑크의 저개발심화론을 수정하고 있다.

2.3. 종속적 발전론

종속이론의 세 번째 부류는 구조적 접근과 마르크스주의적 입장을 결합한 것으로 카르도소(F.H. Cardoso)와 에번스(P. Evans)의 **종속적 발전론(dependent development)**이 대표적이다. 이들은 방법론적 측면에서 산업화 과정의 정치적 특성을 강조·해석함으로써 경제발전의 문제에 대한 새로운 성찰을 주장했는데, 종속적 발전의 계기를 주변부 자본주의사회 내부의 정치적 요인, 특히 계급관계와 국가의 역할에서 찾고 있다.

그리고 '발전'과 '종속'이라는 전통적인 이분법을 거부하고 자본주의의 발전이 후진국의 저개발을 지속·심화시킨다는 견해에도 반대하여 다국적기업과 연결된 저개발국의 일부 경제부문에서는 종속적인 자본주의의 발전, 즉 자본축적과 산업화의 진전이 가능하다고 보았다.

카르도소는 중심부 자본의 변화로 출현한 다국적기업이 저개발국의 내부에서 활동하게 된 결과 산업부문이 외양적으로 확대되고 이것이 저개발국의 일부 부문에서 경제발전의 형태로 나타난다고 보았다. 이러한 종속적 발전의 결과로 국제자본과 연계된 부문은 이득을 얻고 그 외의 주변화된 부문은 배제됨으로써 양 부문 사이에는 일종의 구조적 이중성(structural dualism)이 형성된다는 것이다.

그는 이러한 주장을 기초로 이른바 '연계-종속적 발전'(associated-dependent development)의 논리를 전개했는데, 이것은 국제자본의 역동성에 일국의 경제를 종속시키고 국제화된 부르주아지,[31] 군부, 기술관료,[32] 중간계급의 일정한 타협 하에서 그 역동성이 유지되어 종속적 상황 아래에서 저개발국 경제의 일부에서 종속적 발전을 꾀하게 된다고 주장했다.

한편 에번스는 종속적 발전은 주변부에서의 자본축적과 어느 정도의 산업화를 의미하는 종속의 한 특수한 경우로 규정하고 국제자본과 국내자본의 연합 또는 동맹에 의해서 이루어진다는 특징이 있다고 보았으며, 국가도 역시 활발한 동반자로서 동맹에 참가하는데, 그 결과 형성된 **3자동맹(三者同盟: triple alliance)**이 곧 종속적 발전의 출현에 있어서 기본적 요소가 된다는 것이었다.

그리고 종속적 발전과정에서 두드러진 특징은 국가의 적극적인 경제활동인데, 국가의 적극적인 생산활동에의 참여와 경제성장 정책의 추진은 종속적 발전을 현실화하는 가장 중요한 요인이라고 주장했다. 종속적 발전에서 핵심적인 역할을 담당하는 부문은 국가와 다국적 기업 및 국내 대자본 사이에 형성되는 3자동맹인 것이다. 이 동맹에 참여하고 있는 각 자본의 교섭 능력은 그들이 가진 힘의 원천이 지니고 있는 상대적 우위의 정도에 달려 있으며 다국적기업이 가지고 있는 가장 중요한 장점은 기술이라고 보았다.

---

31) **부르주아지(Bourgeoisie)**는 원래 중세부터 도시에 거주하던 프랑스의 시민을 가리켰으나 근대의 민주주의혁명, 즉 부르주아지혁명의 담당계급을 의미한다. 이들의 투쟁은 시민적 자유인 기본적 인권과 시민적 국가인 주권재민의 확립을 요구하는 것이었으며, 사제와 귀족과 대치된 의미에서 '제3신분'임을 자처했다. 이들은 봉건사회를 타도하고 봉건적 토지소유를 폐기해 시민사회가 발전하고 자본제 생산양식에 입각한 근대사회가 형성되자 자본가계급을 형성하게 되었으며 오늘날에는 이 자본가계급을 부르주아지라고 한다. 엄격한 의미에서 근대자본주의 이전의 상인자본, 고리대자본 등은 독자적인 계급을 구성하지 않았으나 16세기경부터 서유럽에서 농민의 분해가 급속히 진전되었으며, 앞에서 말한 근대자본주의사회의 형성과 더불어 생산수단을 소유하는 자본가계급과 이것을 소유하지 못한 **프롤레타리아트(Proletariat)**, 즉 무산계급이 형성되었다.

32) 과학적 지식이나 전문적인 기술을 소유함으로써 사회 또는 조직의 의사결정에 중요한 영향력을 갖는 과학자 · 기술자 · 경제학자 등 전문적인 기술자가 사회변화의 중요한 역할을 하게 되는데 그들의 정치적 중요성도 증대되고 있다. 벨(D. Bell)의 『이데올로기의 종언』(*The End of Ideology,* 1988)에서 언급되고 있는 '탈공업화 사회'에서도 볼 수 있듯이 현대의 지배계급으로서 **테크노크라트(technocrat)**라고도 한다. 과학과 기술이 매우 빠른 속도로 발달하고 있는 현대사회에서 뷰로크라트(bureaucrat: 관료)에 대신하는 새로운 사회계층으로 그 역할이 주목되고 있다.

종속적 발전은 산업성장이 국제자본의 산업부문 투자에 의하여 활성화되고, 국제자본주의와의 연계 속에서 그 경제적 역동성이 유지되며, 기술과 자본 등의 의존성이 크고, 또한 자본축적이 자체적으로 완결되지 않는다는 의미에서 새로운 종속의 상황으로 파악된다. 따라서 종속적 발전 역시 종속의 한 특정 유형에 속하며, 국내시장의 국제화로 특징지어지는 국가에서의 종속적 발전은 종속의 지배적 유형이 된다. 결국 신흥공업국들은 종속적 발전을 통하여 '전통적 종속'을 근본적으로 극복하지도 자율적인 국민경제를 이룩하지도 못하였다. 에번스는 국가를 주축으로 한 3자동맹의 발전전략이 성공할 수 있었던 것은, 국제적 상황이 유리하였기 때문에 가능했으며, 세계체제로부터의 후원 없이는 그 존속이 불가능하다는 점에서 3자동맹에 의한 종속적 발전의 한계를 밝히고 있다.

이상에서 본 종속적 발전론은 포괄적인 종속이론의 구축보다 종속의 구체적 상황을 집중적으로 구명하고자 했는데, 주변부사회의 성격을 파악하는데 크게 기여했다는 평가를 받고 있다.

2.4. 기타

① 주변부 자본주의론

주변부 자본주의론(peripheral capitalism)은 불균등 발전론이라고도 하는데, 홉슨(J.A. Hobson), 레닌, 부하린(N. Bukharin) 등의 고전적 제국주의론을 재구성해 저개발국의 종속과 저개발을 설명하려는 시각으로 이집트 출신의 아민(S. Amin)이 그 대표적인 학자이다.

아민은 제3세계와 서구와의 불평등한 교환(unequal exchange)이 자본주의적 종속관계의 특징이며, 이것이 불평등한 발전(unequal development)을 가져다준다고 주장했다. 그리고 그는 저개발국이 1차 산업의 상품을 수출하여 공산품을 수입하는 무역구조면에서의 불평등과 다국적기업에 의한 산업지배(예: 노동력 착취) 그리고 외국자본에 의한 금융적 종속이 불평등한 교환을 유발하는 기본적인 종속현상으로 보았다.

이러한 구조에서 주변국은 원료수출에 주력하게 되고, 그 결과 중심국만 발전시키고 주변국은 사치품의 소비시장이 된다.

이러한 상황 하에서 중심국에서는 성장이 곧 발전이지만, 주변국에서는 경제성장이 종합적인 연관효과를 갖지 못하기 때문에 성장이 발전으로 연결되지 못하고 '발전 없는 성장'으로 치닫게 되어 개방체제 속에서 주변국의 성장은 경제발전이 아니라, 저개발이 지속될 뿐이라는 것이다.

따라서 그는 주변부 사회의 발전을 위해서는 주변부 사회의 식민지적 · 봉건적 유산을 청산하는 광범위한 국내적 개혁이 이루어져야 하지만, 세계자본주의체제 속에서 주변부의 자본주의적 개혁은 한계를 지닐 수밖에 없으므로 결국 주변부의 발전은 민족주의적, 인민민주주의적[33] 또는 사회주의적 방식에 의해 이루어져야 한다고 주장했다.

아민은 프랑크 등에 의해 제기된 자본주의의 세계적 모순 구조를 중심-주변, 착취-비착취의 대립관계로만 보지 않고, 중심 · 주변을 각기 구성하고 있는 국민경제의 내부구조에 매개시킴으로써 중심-주변간의 유기적 경제관계, 주변부 내부의 계급구조를 통일적으로 파악했다. 즉, 그는 저개발국 주변부 사회구성체의 역사적 성격을 규명하는데 집중하여 외부적 관계분석을 통한 내부구조의 분석방법을 지양하고 자본축적, 생산양식, 사회구성체 간의 관계와 구조를 총체적으로 파악했다는 평가를 받고 있다.

그러나 체이스-던(C. Chase-Dunn)은 아민이 마르크스의 자본주의적 축적양식을 전반적으로 세계경제에 적용시키려 했던 점은 높이 평가하지만, 그의 이론에 국가의 형성과정, 국가체제 등에 대한 인식이 결여되어 있다는 점을

---

33) **인민민주주의(people's democracy)**는 제2차 세계대전 이후 구소련에 의해서 동유럽과 아시아의 몇몇 국가에 수립된 공산주의정치체제를 의미한다. 폴란드 · 체코슬로바키아 · 헝가리 · 루마니아 · 유고슬라비아 · 불가리아 · 알바니아 · 중국 · 북한 · 베트남 등의 정치체제가 그것이다. 중국에서는 '신(新)민주주의'라는 용어가 사용되었으며 몽골에서도 1924년에 유사한 체제가 수립되었다. 의회주의를 부정하고 소비에트권력을 수립해 곧 바로 공산혁명을 수행한 소련의 경우와는 달리 부르주아지계급 · 지주계급 · 도시의 소시민계급 등과 연립정부를 세워 소련공산당의 지도를 받는 것이다. 이 체제하에서는 형식적이기는 하지만 다당제와 일부 생산수단의 사유화도 허용된다. 이러한 점에서 인민민주주의는 자본주의적 민주주의로부터 사회주의로 이행하는 과도기적인 성격을 갖지만 실제로는 공산당이 절대적인 지위를 확보하고 일당독재를 실현해 나가기 때문에 서유럽형 의회민주주의와는 근본적으로 다르며 '프롤레타리아트독재'의 한 형태로 간주된다. 또한 오늘날에는 이미 고도의 산업구조를 가지고 있던 국가와 그렇지 못한 국가와는 인민민주주의의 사회주의적 과제와의 결합방식에도 차이가 있다는 인식이 일반적이다.

비판했고, 브론펜브레너(M. Bronfenbrenner)는 아민이 레닌의 **제국주의론**과[34] 룩셈부르크(R. Luxemburg)의 **자본축적이론**을[35] 적절히 재구성한 것에 불과하다고 폄하했으며, 게르슈타인(I. Gerstein)은 아민이 생산관계를 전혀 고려하지 않았으며 계급투쟁뿐만 아니라 사회주의로의 전환론 자체도 전혀 대안이 없는 허상이며 모호한 발상이라고 비판했다.

② 세계체제론

세계체제론(world system theory)은 세계를 하나의 사회체계로 파악하여 중심부와 주변부의 비대칭적 관계를 설명하려는 이론인데, 1970년대 중반 미국의 경제학자 왈러스타인(I. Wallerstein)이 주창했다. 그는 하나의 단위 국가 대신 세계체제를 분석의 대상으로 삼아야 하며, 중심부와 주변부 사이의 비대칭적인 상호관계의 분석이 단위국가 내부의 분석보다 선행되어야 한다고 주장했다.

자본주의 세계경제는 16세기 유럽에서 기원하여 19세기 이후 지배적인 세계체제로 확산되었는데, 이러한 세계 자본주의체제는 단일한 분업 하에서의 상이한 필수품의 생산에 입각한 불평등한 교역관계로 서로 연관되어 있는 **중심부**, **반주변부(semi-periphery)**, **주변부**의 세 가지 국가군으로 구성되어 있다. 강력한 국가기구를 가지고 자유 임금과 노동에 기초하여 제조품 생산에

---

34) 제국주의(imperialism)는 다른 나라를 정복·지배하려는 일체의 침략주의적 경향을 의미한다. 넓은 의미로는 정치·경제·사회·문화·군사 등 다방면에 걸쳐 이루어지는 국가나 민족의 침략주의적 경향을 의미하며, 좁은 의미로는 레닌의 개념으로 19세기 말부터 시작된 자본주의의 최후 단계를 의미한다. 제국주의의 어원이 된 임페리움(imperium)은 원래 로마공화정 시대에는 명령과 권력, 특히 법에 의한 명령을 의미하는 일반명사였지만 로마가 카르타고와의 전쟁에서 승리하여 지중해의 패권을 장악한 이후에는 로마에 의한 타민족 지배라는 뜻을 지니게 되었다. 20세기에 접어들면서 이 말은 근대자본주의사회의 성격이 자유경쟁단계의 산업자본에서 독점·금융자본으로 변화함으로써 선진 자본주의국가들이 세계시장을 지배하고 식민지를 획득하기 위해 벌인 대립과 분쟁을 가리키게 되었다.

35) 독일의 여성혁명가인 로자 룩셈부르크는 『자본축적론』(*Die Akkumulation des Kapitals*, 1913)에서 자본주의는 자본 확대를 위해 비자본주의 지역이 반드시 필요하다고 지적하면서 이를 획득하려는 경쟁이 제국주의라고 했다. 그는 세계대전의 위기를 간파하고 식민지 침략을 예리하게 분석하였으나, 제국주의의 본질 파악에는 실패했다.

주력하는 중심부는, 허약한 국가기구를 가지고 강제노동에 기초하여 농산물 경작에 주력하는 주변부에 대하여 국제교역과정에서의 잉여를 수탈하는 것으로 파악했다. 반주변부는 중심부에 의해 수취당하며 동시에 주변부를 수취하는 제3의 구조적 위치를 점유하고 있는 국가들이다. 그러므로 세계자본주의체제는 기능면에서 단일한 자본주의적 생산양식에 입각하여, 불균등한 교환관계를 통하여 잉여가 주변부에서 중심부로 이전되는 상호간의 **제로섬게임(zero-sum game)**으로 간주된다.

세계체제이론은 현재의 세계 자본주의체제 내에서도 주변부가 반주변부, 나아가서는 중심부로의 그 지위의 승격이 가능한 제3세계 국가의 국제 계층구조 내의 약간의 이동가능성을 시사해준다. 여타의 종속이론에서는 이 세계체제이론적 시각을 한 국가의 발전이나 저발전을 분석하기 위한 전제로서 수용하지만, 세계체제이론은 세계체제의 수준 자체에 관심을 가지고 있으며, 한 국가의 상황을 분석하는 경우에도 세계체제의 수준으로부터 출발하는 것이 특징이다.

왈러스타인의 이론적 기여는 그의 반주변부 개념에 있다. 반주변부는 마치 한 국가 내에서 중산층과 같은 역할을 수행한다. 즉, 반주변부는 한편으로는 중심부로부터의 착취에 시달리면서도 다른 한편으로는 주변부를 착취하는 이중적 역할을 수행했으며, 중산층과 마찬가지로 세계 자본주의체제의 안정화에도 기여했다. 왈러스타인의 주장은 모든 사회체계를 총체적으로 이해해야 한다고 본 점에서 프랑크, 아민 등의 견해와 일치한다. 즉, 근대세계에 있어서 민족국가는 폐쇄체계가 아니기 때문에 한 지역에 대한 분석은 경제적 교환관계에 있어서 의존적인 다른 지역과의 관계를 통해 이루어져야 한다는 것이다.

그는 기존 이론들의 결함을 보완하여 분석의 단위를 세계체제의 범주까지 확장시키고 세계경제의 변화를 총괄적으로 설명했다는 점에서 긍정적인 측면도 있으나, 세계체제의 공허한 총체성만을 강조하여 비현실적이며 지나친 결정론이라는 지적도 받는다. 또한 그의 이론은 프랑크와 마찬가지로 세계자본주의체제를 유통구조(시장교환관계)로 파악함으로써 생산관계에 입각한 주변부 생산양식의 다중성을 무시하고 있으며, 국제정치체제 내의 정치적·군사적 제휴와 갈등이 국가발전에 미치는 중요한 의미를 포착하지 못하고 있다는 비판도 있었다.

그러나 '원래 사회주의체제는 없었다'라고 할 만큼 사회주의체제를 자본주의 체제의 일부로 보았던 세계체제론은 구소련의 붕괴 이후 다시 세계의 관심을 모으고 있다.

3. 종속이론의 평가

3.1. 성과

종속이론이 제시하는 여러 가지 견해는 개발도상국의 저개발이나 경제발전을 이해하는데 많은 도움을 주었다. 종속이라는 개념 자체도 자립적인 경제구조의 구축이 중요한 목표이므로 매우 유용한 것이다. 또한 저개발국의 경제발전 과정에서 드러난 수많은 모순과 부작용을 비판적으로 지적한 공헌도 인정될 수 있다. 그리고 종속이론은 그 발전 과정에서 이론체계가 보다 세련되었다는 점을 지적할 수 있다. 초기에는 종속-탈종속의 이분(二分)구조적 논리로 단지 저개발을 분석하려는 이론의 단계에 머물렀으나, 후기에 와서는 발전을 설명할 수 있는 (주변부 → 반주변부 → 중심부) 이론으로 발전했다.

3.2. 비판

종속이론은 개발도상국의 경제현실을 이해하는 데 많은 도움을 준 것은 사실이다. 그러나 종속이론 속에는 각기 다른 분석방법을 갖는 구조주의와 마르크스주의의 양대 계보가 혼재되어 있어 종속이론으로 분류되는 연구의 범위와 내용이 일치되지 않고 있다. 따라서 과연 이것이 실제로 후진국의 경제발전이나 저개발현상을 분석하는 데 유용한 틀인가에 대해서는 다음과 같은 다양한 비판이 제기되고 있다.

첫째, 종속이론은 제3세계의 바람직한 발전의 방향을 사회주의적인 것으로 인식함으로써 하나의 목적론이 되고 있다. 즉 종속이론 가운데 일부는 분석도구라기보다 사회주의 실현을 위한 정치적 강령의 성격을 지니고 있다.

둘째, 세계자본주의체제의 역학을 불평등한 교환관계로 설명함으로써 그 체제 내에서 제3세계 국가들의 독특한 여건에 따른 경제적 · 사회적 · 문화적 · 정치적 요인들이 그들의 발전에 미치는 영향을 적절하게 파악하지 못했다.

셋째, 의존(dependence)은 통일국가 사이에서 외부적으로 서로 의지하는 것인 데 반하여, 종속(dependency)은 후진적이고 동질성이 덜한 사회에 병합하여 노동을 세계적으로 분화하는 데 중점을 두는 보다 복잡한 일련의 관계를 포함하는 것이라고 구별하는 데서 종속개념은 출발하지만, 그 개념은 아직도 애매모호하다.

넷째, 종속이 후진국에서 자본주의경제의 발전을 억압한다는 주장이 실증적인 경험에 의해 그 타당성을 인정받지 못하고 있으며, 종속이론 내에서도 저개발국의 경제발전에 관해 여러 가지 상이한 견해가 존재한다.

4. 종속이론과 한국경제

한국경제의 발전과정을 연구함에 있어 종속이론의 적용은 그 가능성과 한계를 논함에 앞서 세심한 주의가 요구되는데, 가장 중요한 이유는 종속이론을 아직도 충분한 비교능력(comparability)을 갖춘 일반이론의 수준에 도달한 것으로 보기 어렵기 때문이다. 종속이론은 남미 여러 나라의 실제 경험을 직접적인 분석의 대상으로 삼고 있는 역사적 모형이며, 이 이론이 주장하는 중요한 가설들은 후기에 와서도 여전히 남미의 지평에서 검토되고 있다.

이러한 측면에서 종속이론을 한국에 적용하기 위해서는 무엇보다도 남미의 경우에 비춘 한국의 종속과 발전의 양상에 관한 다음과 같은 유사점과 차이점이 조명되어야 할 것이다.

첫째, 한국도 여러 가지 유형의 종속을 겪어 온 것은 사실이다. 1876년 개항 이전에는 중국이란 세계제국 하의 '문화적 · 정치적' 종속, 그 후 일제에 의한 '식민지적' 종속(1910~1945년) 그리고 1945년 해방 이후 세계 자본주의 체제 내에서의 '신식민주의적'[36] 종속이 바로 그것이다. 그러나 대부분의 남미국가들은 16세기 이래 '식민지적' 종속을 거쳐 19세기 중반 정치적 독립 이후부터 '식민주의적' 종속과 '신식민주의적' 종속을 거쳐 오고 있다.

---

36) **신식민주의(neo-colonialism)**는 제2차 세계대전 후에 생긴 새로운 형태의 식민지 지배로서 형식적으로는 신흥국의 독립과 주권을 인정하면서, 정치적 · 경제적 · 사회적 · 군사적 · 기술적 측면에서 간접적으로 교묘하게 지배한다.

둘째, 한국의 '신식민주의적' 종속은 남미의 경우와는 달리 중심부 국가들의 경제적 이해관계보다 정치적·군사적 이해관계에 의해 발단되었으며, 한국이 동북아시아 지역에서 차지하고 있는 정치적·군사적 위치는 다른 제3세계 국가들에 비해 상대적으로 보다 많은 교섭력을 부여해 주고 있다.

셋째, 한국의 종속적 자본주의는 1961년 군부쿠데타를 계기로 원조로부터 자본도입, 무역거래, 기술이전을 통한 국제시장에의 자발적 참여 등의 사례와 같이 적극적인 의미에서 형성되었다.

넷째, 한국은 차관의 형태로 대규모 외국자본을 도입했기 때문에 다국적기업에 의한 외국인 투자의 비중은 10%미만으로 남미의 40%이상에 크게 못 미치고 있다.

다섯째, 한국은 토지개혁 등으로 인하여 소득분배가 남미에 비해서는 훨씬 덜 불공평하다. 그리고 남미에서는 인종의 다양함도 하나의 원인이 되어 극소수의 부유층과 대다수의 빈곤한 국민대중으로 계층의 분화가 뚜렷하지만, 단일민족의 한국에는 절대빈곤 인구의 수는 훨씬 적다.

이상과 같이 한국의 종속과 발전의 양상은 남미의 그것과 비교해 볼 때 상당한 편차가 있음을 알 수 있다. 결국 종속이란 정도의 문제이지 완전한 종속경제 또는 완전한 독립경제는 존재하지 않는다. 상대적인 종속의 정도로 볼 때 한국은 남미에 비해 종속의 정도가 훨씬 덜 하다라고 평가할 수 있다.

따라서 이와 같은 차이에 대한 기본적인 이해 없이 종속이론을 한국에 적용한다면 그것은 한국경제의 발전과정을 설명함에 있어서 중대한 오류를 범할 가능성이 크다. 한국경제의 현실을 있는 그대로 보기 위해서는 근대화론이든 종속이론이든 우리의 현실을 제대로 설명할 수 있는 이론을 취사선택할 수 있는 지혜가 요구된다.

제5장

자본축적과 경제발전

Ⅰ. 경제발전과 자본의 역할

Ⅱ. 저축과 경제발전

Ⅲ. 잠재실업과 자본축적

Ⅳ. 외자도입과 경제발전

I. 경제발전과 자본의 역할

저개발국의 경제발전에 있어서 자본축적(capital accumulation) 또는 자본형성(capital formation)이 갖는 의미는 고전학파 시기부터 강조되어 왔다. 자본은 생산력의 증대를 통한 소득증대를 가능하게 할뿐만 아니라, 경제구조의 변화와 아울러 삶의 질의 변화를 촉진하는 기폭제로도 작용한다. 수많은 학자들이 각각 다른 관점에 서 있으면서도 저개발국의 경제발전을 위해 자본형성을 공통적으로 강조하는 이유가 바로 여기에 있다.

앞서 본 바와 같이 넉시는 공급측면에서의 빈곤의 악순환을 언급하면서 경제발전의 기본적인 장애요인으로 낮은 자본축적을 지적했다. 즉 자본공급이 부족하면 생산성이 저하되고 이것이 저소득과 저저축으로 이어진다고 했다. 그리고 로스토는 도약단계에서 GNP의 10~12%가 투자되어야 한다고 했는데, 이는 자국 내에 상당한 규모의 자본 동원력을 갖추고 있음을 의미한다. 또한 해러드와 도마는 경제성장모형을 통해 경제성장을 위한 자본의 전략적 가치를 강조했다.

한편 자국의 자본이 부족한 경우 외국으로부터의 자본조달에 의한 경제발전을 도모할 수 있는데, 대표적인 성공사례가 **마셜플랜(Marshall Plan)**과[37] 외자도입에 의한 한국의 경제발전이라고 할 수 있다.

그러나 자본(특히 물적 자본)의 증대 자체를 경제발전과 동일시하게 되면 저개발국 경제의 구조적·역사적 요인과 제도적 문제점을 간과하기 쉽다는 사실에 유의해야 한다. 다시 말하면 자본형성이 경제발전의 필요조건은 될 수 있어도 충분조건은 될 수 없다는 것이다.

경제발전의 초기단계에 있는 저개발국의 경우 자본의 공급이 절대적으로 부족한 것은 사실이지만, 오히려 자본 이외의 경제적·비경제적 요인들이 한층 더 중요한 경제발전의 조건으로 나타나는 경우도 많다.

---

37) 제2차 세계대전 후 1947년부터 1951년까지 미국이 서유럽 16개국에 행한 대외원조계획으로 정식 명칭은 유럽부흥계획(ERP: European Recovery Program)이다. 서유럽의 경제성장을 촉진하고 나아가 공산주의의 확대를 저지하고자 하는 목적으로 이루어졌다. 이 계획에 의해 유럽 여러 국가들의 미국무역에 대한 의존성은 감소하게 되었으며, 유럽 16개국은 유럽경제협력기구(OEEC)를 형성했다.

정치적·사회적 그리고 기타의 경제적 조건이 성숙되지 않을 경우 잠재적인 자본동원 능력이 존재하더라도 자본형성이 실질적으로 이루어지기 어렵고, 이루어진다고 하더라도 그 효율성이 보장되지 않을 것이다.

따라서 경제발전은 자본형성만을 통해 이루어지는 것이 아니라 다른 여러 요인에 의해 더 가속화되거나 저해될 수도 있다는 것이다. 예를 들어 보다 합리적인 정치적·사회적·제도적 장치, 충분한 사회간접자본 등은 자본의 생산성을 제고시키지만, 왜곡된 경제구조, 비합리적인 제도적 장치 등은 자본의 효율성을 저하시키는 등 한 국가의 경제발전에 오히려 부정적인 요인으로 작용할 수도 있는 것이다.

결국 경제발전에 있어서 자본형성이 갖는 중요성은 부인할 수 없지만, 자본형성 그 자체보다는 '어떤 방식을 통해 자본이 조달되고 투자의 배분이 이루어지는가?'의 문제가 더욱 중요하다.

II. 저축과 경제발전

자본의 형성은 경제발전에 있어서 매우 중요한 요소라는 사실은 부인할 수 없다. 그런데 경제의 어디에선가 소비되지 않고 남는 부분이 있어야 자본이 형성되어 투자가 이루어질 수 있기 때문에 투자의 재원이 되는 것이 바로 저축이다.

국민소득계정에서 자본형성을 위한 자금의 원천은 크게 감가상각과 저축으로 나누어져 있다. 자본형성이 경제발전에 있어서 갖는 중요한 의의는 실질적으로 증대되는 추가적인 자본에 있다. 그런데 감가상각은 기존 자본스톡의 감소를 보전해 주는 회계 상의 개념으로 실질적인 자본의 증대를 의미하는 것은 아니다.

따라서 경제발전에 있어서 중요한 의의를 지니는 자본형성의 원천은 바로 저축이라고 할 수 있다. 그러나 저개발국에서는 '빈곤의 악순환'으로 인해 국내저축의 여력이 낮으므로 해외저축에 의존해야 할 경우가 많다.

1. 저축의 유형

1.1. 잠재저축과 실현저축

우리가 보통 얼마를 저축했다고 할 때, 이것은 사후적(ex post) 개념으로서 **실현저축(actual saving, realized saving)**이라고 한다. 그러나 한 국가경제의 저축규모는 고정되어 있는 것이 아니라, 경제주체의 노력이나 경제적 여건에 따라 달라질 수 있다.

잠재저축(potential saving)은 최대의 노력과 최선의 여건이 주어질 때 이룰 수 있는 사전적(ex ante) 개념으로서의 최대가능 저축량으로 국민총생산에서 그 나라 국민의 생존수준(subsistence level)의 소비를 뺀 부분으로 볼 수 있다.

그리고 실현저축은 잠재저축 가운데 투자화된 부분으로 실현저축은 실현된 투자와 사후적으로 반드시 일치하며 잠재저축보다 항상 적은데, 그 이유는 다음과 같다.

첫째, 어느 국가에서나 국민들이 추구하는 필요 소비수준은 생존수준보다 높기 때문에 저축으로 동원될 수 있는 많은 자금이 소비로 충당된다.

둘째, 소비를 생존수준에 묶어두고 소득을 저축으로 흡수하려고 해도 이것이 투자로 연결되지 않으면 저축으로 실현될 수 없다. 투자로 연결되지 못하는 저축자금은 잠재저축일 뿐이지 실현저축은 아니며 결국은 소비될 것이다.

따라서 자본형성의 여력이 부족한 저개발국의 저축증대를 위한 노력은 결국 잠재저축을 최대한으로 실현저축화 시키는 것인데, 이를 위해서는 되도록 소비를 줄이고, 가능한 한 투자수요를 증대시키며, 투자가 가능하도록 투자재를 공급해 주어야 한다.

1.2. 자발적 저축과 강제저축

자발적 저축(voluntary saving)은 경제활동에 참여한 사람들이 자신의 소득 중에서 스스로의 판단에 의해 행하는 저축으로 소득의 주체와 저축의 주체가 형식적으로나 실질적으로 일치한다. 그러나 자발적 저축이 제대로 이루어지고 증대되기 위해서는 사회가 안정되고 인플레이션이 심하지 않아야 한다.

한편 **강제저축(forced saving)**은 정부의 행정권력이나 의도적인 정책수단에 의해 경제활동에 참여한 사람들의 소득의 일부를 그들의 의사와 관계없이 정부가 의도하는 부문으로 이전시키는 형태의 저축이다. 따라서 강제저축은 정부의 힘에 의해 국민의 가처분소득(disposable income)을 감소시킴으로써 가능한데, 그 구체적인 정책수단으로는 조세, 통화인플레이션, 상대가격의 조정, 환율과 금리의 정책적 운용 등을 들 수 있다.

일반적으로 선진국은 자발적 저축에 중점을 두는 반면 저개발국일수록 강제저축을 크게 활용하는데, 그 이유는 저개발국의 경우 소득수준은 낮지만 소비성향이 높아서 자발적 저축의 수단만으로는 경제발전에 필요한 자금을 조달하기 어렵기 때문이다.

그러나 강제저축은 소득의 주체와 저축의 주체를 불일치시키는 역진적이고 불평등한 소득의 (재)분배를 통해 이루어지므로 생산자보다 소비자, 기업보다 가계, 재산소득보다 근로소득, 공업부문보다 농업부문 그리고 수출부문보다 내수부문에 부담을 안겨주게 된다.

2. 저저축의 원인

저개발국에서 국내저축의 수준이 낮은 근본적인 원인으로 바로 낮은 소득수준을 들 수 있다. '빈곤의 악순환'에서도 지적했듯이 낮은 소득수준은 저저축을, 저저축에 의한 낮은 투자수준은 생산성을 저하시켜 이것이 다시 저소득을 가져다준다는 것이다. 이러한 사실을 소비행태, 생산구조, 경제체제 등의 측면에서 좀 더 구체적으로 살펴보면 다음과 같다.

2.1. 소비행태

앞에서 언급된 바와 같이 저개발국은 일반적으로 소득수준에 비해 소비성향이 매우 높은데, 그 이유는 다음과 같다.

첫째, 기대상승(rising expectation) 현상인데, 생산의 증대에 앞서서 소비와 복지에 대한 기대가 커지게 되어 소비가 생산을 따라가는 것이 아니라, 생산이 소비를 따라가는 현상이 지배하게 된다.

저개발국에서는 경제성장률이 높더라도 기대하는 성장률은 더 높기 때문에 소비성향이 높고 사회적 불만도 커져 과도한 복지비용의 부담을 안게 된다.

둘째, 경제의 개방화에 따른 **전시효과(demonstration effect)**를[38] 들 수 있다. 전통적 생활양식을 가진 저개발국은 경제발전의 과정에서 선진국의 물자・기술・인력 등에 크게 의존하게 되는데, 이 과정에서 저개발국의 국민들은 선진국의 생활양식과 높은 소비수준을 모방하게 된다. 즉 저개발국의 생산방법은 낙후되어 있으나 소비측면에서는 선진국의 근대적인 생활양식과 소비수준을 따라가려는 욕망이 앞서게 되는 것이다.

2.2. 생산구조

저개발국에서 저저축의 원인은 기본적으로 산업구조의 후진성 때문이다. 저축률은 투자재산업과 소비재산업의 비율에 의존하는데, 패터슨(W. Patterson)은 저개발국의 저축률이 낮은 현상은 산업 가운데 투자재산업의 비중이 극히 작기 때문이라고 주장했다.

이러한 견해의 특징은 낮은 저축률을 구명함에 있어서 수요보다 공급측면에 중점을 두고 소득의 순환이나 소비자의 심리보다도 물량의 공급측면을 강조하고 있으며, 특히 실현저축을 늘리기 위한 방안으로 투자재의 공급 증대를 주장하고 있다는 점이다. 따라서 저축률을 높이려면 보다 많은 자본을 소비재보다 생산재의 생산에 투입해야 하며 투자재 생산기술의 혁신을 통해 투자재의 공급을 증대시켜야 한다는 것이다.

2.3. 경제체제

저개발국의 저축 수준이 낮은 것은 사회적・문화적・심리적・전통적 요인들이 작용하기 때문이지만, 특히 강조되어야 할 것은 제도적인 요인이다.

---

38) 전시효과라는 용어의 기원은 듀젠베리(J.S. Duesenberry)의 소비함수에서 찾을 수 있지만, 이것을 저개발국과 관련시켜 발전시킨 사람은 넉시이다. 전시효과와 유사한 것으로 라이벤스타인의 **밴드왜건효과(bandwagon effect)**와 **베블렌효과(Veblen effect)**도 있는데, 전자는 필요해서 사는 것이 아니라 타인이 사기 때문에 따라하는 소비행태이며, 후자는 타인에게 과시하기 위해 상품의 가격이 비싸기 때문에 더 구입하게 되는 특수한 사치성 소비행태를 의미한다.

저개발국의 경우 경제적 잉여는 적지 않음에도 불구하고 실현된 저축수준이 낮은 경우가 많은데, 이는 경제적 낭비 때문이며 이러한 현상은 자본주의 체제 하의 제도적 속성에 기인한다는 주장도 있다.39)

이러한 경제적 낭비는 각각 생산과 소비의 측면에서 발생하고 있다. 생산 측면에서의 경제적 낭비는 실업으로 인한 생산의 감소, 과당경쟁이나 과대광고, 불필요한 상품의 다양화와 차별화 등으로 인한 자원의 낭비 그리고 군인 · 공무원 등과 같은 비생산적 노동의 증가 등에서 발생할 수 있다. 또한 소비 측면에서의 경제적 낭비의 원인으로는 사치성 소비, 과도한 국방비의 지출, 부정부패 등을 지적할 수 있다.

III. 잠재실업과 경제발전

앞서 본 바와 같이 저개발국에 있어 과잉인구의 문제는 심각하여 빈곤과 낮은 저축수준의 원인이 되고 있다. 그러나 과잉인구를 이용하여 오히려 자본축적과 경제발전을 이룰 수 있다는 견해도 있는데, 여기에서는 이러한 주장을 한 대표적 학자인 넉시와 루이스(W.A. Lewis)의 견해를 살펴보기로 한다.

1. 잠재실업과 자본축적

잠재실업 또는 **위장실업(disguised unemployment)**이란 소득(또는 소비)이 자신의 한계생산을 초과하는 상황, 즉 노동의 한계생산력이 0이거나 0에 가까운 인구로서 사실상 실업상태에 있지만 표면적으로는 실업자로 노출되지 않는 경우로 농촌의 가족노동에서 쉽게 찾아 볼 수 있다. 이들이 실질적인 실업자이면서도 실업자로 노출되지 않는 이유는, 농업이 주로 가족단위의 노동에 의해 경영되기 때문에 한계생산력이 0인 경우라도 소비는 가족의 평균 생산력에 의해 가능하기 때문이다.

39) 종속이론을 주장한 바란은 부유층의 낭비적 소비를 지적하면서 이것은 결국 자본주의체제의 제도적 속성에 기인한다고 보았다. 이러한 낭비적 소비는 곧 '**잠재적 경제잉여(potential economic surplus)**'로서 이를 최대한 자본형성의 원천인 저축으로 실현시키는 것이 경제발전의 관건이라고 주장했다.

넉시는 농촌에서 생산에는 기여하지 않으면서 소비에는 참여하고 있는 이러한 잠재실업 인구를 농촌으로부터 도시의 비농업부문으로 이동시킴으로써 농가의 1인당 평균소득이 상승해 농업부문 자체의 저축이 증대해 자본축적이 가능하다고 주장했다. 그러나 농촌의 잠재실업 인구를 비농업부문으로 흡수함으로써 자본을 축적하는 데 있어서는 다음과 같은 문제점이 제기될 수 있다.

첫째, 비농업부문에서 농업부문의 유휴노동력을 흡수한다는 것은 비농업부문에 이를 가능케 하는 자본이 존재한다는 것이 전제되어야 하는데, 저개발국에서 과연 이러한 자본을 어떻게 조달할 것인가의 문제가 발생한다. 넉시는 이러한 필요 자본을 농업부문의 증가된 저축으로 조달해야 한다고 주장하지만, 그것이 가능할지 의문이다.

둘째, 농촌의 잠재실업이 비농업부문으로 흡수된다면 농가의 평균소득은 상승할 것이다. 그러나 농업부문에 남아있는 가족구성원이나 비농업부문으로 흡수된 잠재실업 인구의 소비성향이 높아진다면 기대했던 만큼의 저축증대는 실현될 수 없을 것이다. 이와 관련하여 넉시는 소비성향의 상승을 막기 위해 소비의 억제를 목적으로 하는 간접세정책 등의 효과적인 활용을 주장했다.

2. 이중경제모형

넉시는 농촌에서의 잠재실업이 비농업(공업)부문에 고용됨으로써 농업부문의 1인당 평균소득이 상승하여 농업부문 자체의 저축이 늘어나 자본축적이 가능하다고 본 반면, 루이스는 이농하는 잠재실업 인구가 공업부문에 고용됨으로써 이윤을 높여 공업부문에 자본축적을 가능하게 한다고 주장했다.

루이스의 모형은 **이중경제모형(dual economy model)**이다.[40] 즉 한 국가의

40) **이중경제**라 함은 저개발국가의 경제발전과정의 구조적 측면을 특징짓는 용어로서 주로 다음과 같은 의미에서 사용된다.
첫째, 생산부문의 이중구조를 말한다. 즉 전통적인 생존유지적인 농업부문과 근대화(또는 상업화)된 비농업부문이 상호 접촉 없이 병존하는 상태를 의미한다. 특히 각 부문 내부에 있어서 전통적인 기술과 가장 최신의 첨단기술이 동시에 사용되는 상태, 예컨대 농가의 물레 및 베틀과 최신식 자동화된 방적 및 방직시설을 들 수 있다. 이것은 또한 중소기업과 대기업간의 기술수준의 격차에서도 나타난다.
둘째, 소비의 이중구조를 들 수 있다. 전통적 부문에 종사하는 가구와 근대화된

경제가 전통부문인 농업과 근대부문인 비농업이 이질적인 구조를 가지고 공존한다고 본다. 비농업부문은 자본주의적이며 상업화된 산업으로서 이윤이 생산활동의 목적인 반면, 농업은 전(前) 자본주의적이며 가족노동에 의한 생계유지가 생산의 목적이고 많은 잠재실업 인구를 안고 있다. 루이스의 모형은 이러한 상호 이질적인 두 부문이 공존하면서 농업부문의 잠재실업 인구가 근대화된 비농업부문에서 자본축적에 어떻게 기여하는가를 잘 설명하고 있다.

루이스는 잉여노동과 경제의 이중구조로 저개발국의 자본축적에 의한 경제발전을 설명하는데, 그의 이론이 제시하는 기본적인 전제(가정)들을 요약하면 다음과 같다.

첫째, 한 국가의 경제는 후진적(전통적)인 농촌의 생존 부문(traditional rural subsistence sector)과 선진적(현대적)인 도시의 산업 부문(modern urban industrial sector)이 병존하는 이중구조를 갖는다.

둘째, 선진부문은 재생산적 속성의 자본을 활용하는 반면, 후진부문은 토지와 같은 비(非) 재생산적 속성의 자본을 활용한다.

셋째, 선진부문의 임금수준은 후진부문의 생존수준의 임금보다 높다. 이러한 임금수준의 차이가 노동력 이동의 유인이 되며, 선진부문의 일정한 임금수준에서 후진부문의 노동공급은 거의 완전 탄력적이 된다. 그 이유는 미숙련 노동력이 풍부하여 임금에 대한 노동공급의 탄력성이 매우 크기 때문이다.

넷째, 후진부문에서는 노동의 초과공급 상태에서 노동의 한계생산력이 '0'에 접근하므로 이농 시에도 농업부문의 생산량은 거의 감소하지 않는다.

다섯째, 선진부문의 1인당 산출량은 생산기술, 생산성 등의 격차로 인해 후진부문에 비해 더 많다.

여섯째, 한계생산력이 '0'에 가깝더라도 후진부문에서의 임금은 한계생산력과는 관계없이 결정된다. 후진부문에는 농업뿐만 아니라 전통적인 서비스부문까지 포함된다. 이 부문에는 임금이 노동의 한계생산력을 초과하는데, 그 이유는 임금이 부분적으로는 생존비를 기준으로 또 부분적으로는 전통이나 윤리적인 측면에 입각하여 관습적으로 결정되기 때문이다.

부문에 종사하는 가구 사이의 소비패턴, 특히 소비품목의 격차까지도 포함한다. 결국 전통적 생활양식과 근대적 생활양식의 공존을 의미한다.

끝으로 자본가들은 이윤극대화를 추구하며 또한 그들은 저축을 하는 계층이다. 그들은 이윤이 발생하는 한 계속 저축하고 투자한다.

루이스는 이상과 같은 가정 하에서 전통적 부문의 잉여노동력이 근대적 부문으로 이동할 때, 양 부문은 다 같이 편익을 기대할 수 있다고 주장했다. 즉 전통적 농업부문에서는 노동 1단위당 토지의 면적이 차지하는 비율이 증대되는 한편 근대적 공업부문에서는 산출량의 증대에 필요한 노동력을 저렴하게 획득할 수 있다는 것이다(【그림 3】 참조).

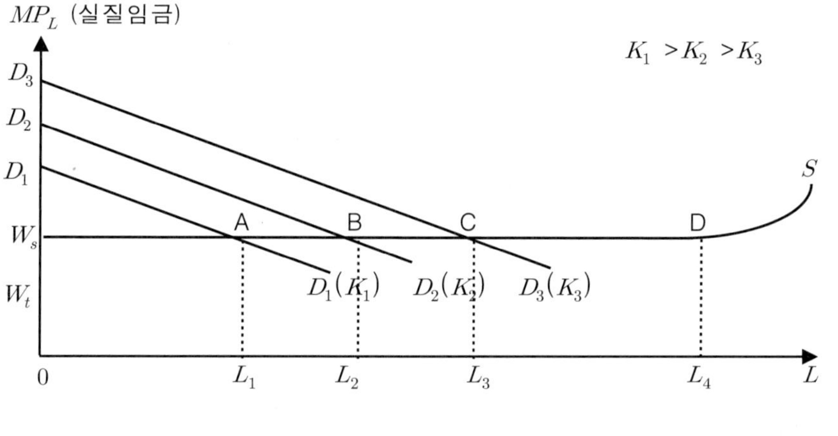

【그림 3】 잠재실업을 이용한 자본축적

$\boldsymbol{0W_t}$: 전통적 농업부문에서 평균소득수준
$\boldsymbol{0W_S}$: 생존수준의 임금

$\boldsymbol{D_1(K_1)}$은 $\boldsymbol{K_1}$의 자본량에서 결정되는 근대부문의 노동수요곡선으로 노동의 한계생산물($\boldsymbol{MP_L}$)과 같고 노동량의 증가에 따라 체감하는 형태로 나타난다. 이 경우 이윤극대화를 추구하는 근대부문의 사용자는 노동의 한계생산물과 실질임금의 수준이 같아지는 $\boldsymbol{0L_1}$까지 노동자를 고용하게 된다.

$0W_S$의 임금수준에서의 K_1의 자본을 가진 근대부문은 $0L_1$ 만큼의 노동력을 고용하게 되는 것이다. 이때 근대부문의 총산출량은 사각형 $0D_1AL_1$ 만큼이 되며, 이 중 임금으로 노동자들에게 지급되는 부분은 사각형 $0W_SAL_1$, 자본가에게 이윤으로 남는 부분은 삼각형 W_SD_1A가 된다.

가정에서와 같이 자본가는 이윤에 해당되는 부분을 모두 재투자하여 자본규모를 K_1에서 K_2 ($= K_1 + \triangle W_SD_1A$)로 증대시킨다. 이 자본규모의 증대는 노동에 대한 수요를 증대시키게 되는데, 【그림 3】에서 보는 바와 같이 $D_2(K_2)$로 수요곡선의 이동으로 나타난다. 그 결과 K_2의 자본규모에서 고용되는 노동량은 L_2로 증가한다. 마찬가지로 여기에서도 총 산출량 $0D_2BL_2$ 가운데 W_SD_2B에 해당하는 이윤은 재투자되고 그것은 자본규모를 K_3로 늘려 고용량은 다시 $0L_3$로 증가하게 된다.

루이스는 이와 같이 실질임금이 고정된 채 근대부문의 고용이 증가하는 과정은 모든 전통부문의 잉여노동이 선진부문에 흡수될 때까지 계속된다고 보았다. 즉 전통부문에 한계생산력이 0인 잉여노동이 존재하는 한 선진부문은 실질임금의 상승 없이도 무제한적인 노동공급을 지속적으로 제공받을 수 있다는 것이다.

그러나 전통부문의 잉여노동이 더 이상 존재하지 않게 되면 선진부문은 실질임금의 인상 없이 추가적인 노동력을 공급받을 수 없게 되므로 노동공급곡선은 우상향하게 되는데, 【그림 3】에서 이 점은 D로 표시되어 있다. L_4까지가 잉여노동이 완전히 고갈되는 점이라면 그 후부터는 실질임금과 고용이 동시에 증가할 수밖에 없는 것이다. 루이스의 모형에서 이 점은 곧 경제의 이중구조가 해소되는 수준으로서 경제의 구조적 전환이 나타나는 '**전환점 (turning point)**'으로 표현되고 있다.

그러나 이러한 잠재실업 인구를 활용한 자본축적모형이 갖는 한계점으로 다음과 같은 사항들이 지적되고 있다.

첫째, 농업부문에서 노동의 한계생산력(MP_L)이 0 또는 0에 가깝다는 가정은 지나치며 현실적으로도 입증되지 않고 있다. 만약 MP_L이 0보다 크다면 노동력이 농업부문에서 공업부문으로 이동하는데 기회비용을 부담해야 한다. 즉 노동의 한계생산력이 0 보다 크면 농업생산의 감축이 불가피하다.

둘째, 농촌에 잠재적 실업이 존재한다는 가정에 대한 문제의 제기인데, 농업에서 대부분의 노동수요는 계절적이므로 농촌의 실업은 오히려 계절적 실업에 가깝다는 것이다.

셋째, 농촌에 잠재실업이 존재한다는 주장은 농업의 생산함수가 (농업생산에서 자본과 노동의 대체율이 0인) 고정비율함수(fixed proportion production function)임을 전제로 하는데, 이러한 생산함수의 존재는 입증되지 않았다.

넷째, 농촌의 노동력은 공업부문에서 즉시 노동자화 될 수 있는 것이 아니므로 비숙련 노동에 대한 기술훈련의 비용과 시간 투입을 고려해야 한다.

다섯째, 근대적 부문인 도시에 잉여노동력이 존재할 경우 이농으로 인해 발생할 수 있는 각종 역효과를 간과하고 있다.

여섯째, 공업화가 자본집약적으로 이루어질 경우 국민경제는 과잉의 농촌노동력에 충분한 일자리의 제공이 어렵다.

일곱째, 전통적 부문의 잉여노동이 고갈될 때까지 근대적 부문의 실질임금이 불변이라는 가정은 현실과 다르다. 저개발국 대부분은 공개실업률이 급격히 상승할 때조차도 임금이 상승하고 있는 경우가 많다.

그러나 위에서의 비판들은 지엽적이며 잠재실업에 의한 자본축적모형은 기본적으로 타당하다고 평가할 수 있다. 이 모형이 성립되기 위해서는 농업부문의 한계생산력이 공업부문의 실질임금보다 낮다는 사실만으로도 충분한데, 인구과잉의 후진국가에서는 대체로 이러한 요건이 성립되고 있다. 그리고 수많은 저개발국들이 이중경제모형의 논의와 정책대안을 수용해 경제발전을 실현했다.

이상에서 본 넉시와 루이스의 전통적 부문에 존재하고 있는 잠재실업 상태의 잉여노동력을 이용한 자본축적모형은 특히 한국의 경제발전 과정과 관련해 중요한 의미를 부여하고 있다. 한국의 경제발전 과정에서 나타난 급속한 공업화가 바로 전통적 농업부문의 잉여노동력에 대한 저임금을 바탕으로 이루어졌기 때문이다.

IV. 외자도입과 경제발전

1. 외자도입의 의의와 필요성

일반적으로 경제가 발전한 선진국에서는 자본의 과잉현상이 나타나 이윤율과 이자율이 낮은 반면, 저개발국에서는 자본이 부족하고 이윤율과 이자율이 높다. 바로 이 점이 자본이 국제적으로 이동하는 원인이 된다.

국제적 자본이동을 자본이 유출된 국가의 입장에서 보면 해외투자가 되고, 자본을 유입한 국가 측에서 보면 외국자본의 도입, 즉 **외자도입(importation of foreign capital)**이 되는 것이다. 따라서 외자도입은 자본의 국제간 이동현상을 자본 도입국의 입장에서 본 경우라고 정의할 수 있다.

저개발국의 경제발전에 있어서 가장 바람직한 것은 경제발전에 필요한 투자재원을 모두 국내자본으로 충당하는 것이다. 그러나 저개발국의 경우 국내자본형성의 원천인 국내저축의 수준이 낮기 때문에 부득이 외자도입을 하게 되는 것이다. 또한 저개발의 경우 대외무역에 있어서 수입이 수출을 초과하는 것이 일반적 상황이기 때문에 경제발전에 필요한 재원을 확보하는 동시에 국제수지의 적자를 보전하기 위해 외자도입이 필요하게 되는 것이다.

그리고 이와 같은 외자도입은 단순히 국내 투자재원의 부족을 외국의 자본으로 보전하는 기능뿐만 아니라, 낙후된 국내의 설비와 기술 때문에 활용되지 못하고 있는 국내의 유휴투자재원을 외국의 선진 설비 및 기술을 도입하여 활성화하는 국내자원에 대한 보완적 기능도 하게 된다. 따라서 경제발전에 있어서 외자의 기능은 다음과 같이 크게 두 가지로 나눌 수 있다.

첫째, **합산적 기능(additive function)**으로 경제발전과 관련하여 단순히 국내의 재원부족을 외국자본으로 보충하는 기능이다.

둘째, **보완적 기능(supplementary function)**인데, 이는 국내의 기술수준이 낮을 경우 외국자본(기계, 설비, 기술 등)의 도입 없이는 경제발전이 불가능할 경우 국내자원을 보완하는 기능이다.

이러한 이유에서 저개발국들은 보다 유리한 조건(상환기간, 이자율, 로열티 등)으로 외자를 도입하고자 노력했으며, 경제발전을 추진함에 있어 원활한 외자도입의 여부가 매우 중요시 되었다.

우리나라의 경우에도 1960년대 초반 제1차 경제개발 5개년계획이 시작되면서 외자의 도입을 통한 투자재원의 확보가 경제발전의 성패를 좌우하는 중요한 요인으로 부각되었다. 특히 미국의 무상원조가 점차 감축됨에 따라 유상외자의 도입을 양적으로 확대해야 할 필요성이 크게 대두되었다.

우리나라 외자도입정책은 경제발전을 위한 투자재원의 확보라는 대전제를 충족시키면서 국내외 경제적 여건의 변화에 대응하여 외자의 선별적 도입기능의 강화, 외자사용의 효율성 제고, 외자도입방식의 다양화 등을 추진한 것을 비롯하여 1980년대 후반부터는 우리나라 경제규모의 확대 및 개방화의 추세에 따라 외국인투자를 중심으로 외자도입에 대한 규제의 완화 및 자유화를 지속적으로 추진했다는 점을 특징으로 하고 있다. 특히 경상수지의 흑자가 발생한 1986년 이후에는 기업의 재무구조 개선을 위한 시책과 연계하여 설비투자의 재원조달을 위한 외자의 신규도입을 억제하는 대신 유상증자 등을 통한 자기자본으로 이를 충당하도록 유도했으며, 경상수지흑자를 재원으로 한 외채의 조기상환을 위한 외화대출제도를 마련해 조건이 불리한 외채를 조기에 상환하도록 함으로써 외채규모를 축소하고 외채구조도 개선하는 노력을 강화했다.

2. 외자도입의 유형

2.1. 무상원조

무상원조(aid)는 국가 간에 아무런 채무를 지지 않고 자본 및 재화가 무상으로 이전되는 것을 의미한다. 선진국으로부터 저개발국의 지원을 (특히 전쟁복구, 기아구제 등) 위해 공여되는 이 무상원조는 그 비중이 매우 작으며 국제수지표상 **이전지출(transfer expenditure)**로[41] 기록된다.

무상원조는 그 제공 목적에 따라 무기와 군사장비 및 여타 군수물자의 지원과 군사요원의 훈련을 포함하는 군사원조와 경제개발의 지원을 위한 경제원조로 나눌 수 있다.

---

41) 정부의 이전지출은 실업수당이나 재해보상금, 사회보장기부금과 같이 정부가 당기의 생산활동과 무관한 사람에게 반대급부 없이 지급하는 것이다. 이는 지출국민소득을 계산할 때 정부소비지출에 포함되지 않는다.

그러나 양자는 일반적으로 정치적·경제적 동기에 의해 동시에 이루어지기 때문에 '원조'라는 포괄적 의미로 해석된다.

무상원조는 제2차 세계대전 이후 주로 발생한 국제경제현상의 하나였으며, 냉전질서가 형성되는 가운데 미국을 중심으로 하는 선진 자본주의국가의 주도로 이루어졌다. 선진 자본주의국가들은 무상원조를 통해 정치적으로 식민지체제에서 새로 독립한 후진 자본주의국가들을 공산주의의 위협으로부터 보호하며, 경제적으로는 빈곤을 극복하고 자본주의적 발전의 길로 나아가게 하는 목적을 갖고 있었다. 한편 원조수혜국의 정치지도자들은 무상원조를 통해 권력기반을 다지는 동시에 이것으로 국내의 저축과 투자 또는 수출과 수입의 격차를 메우고 자본형성의 원천으로 삼기도 했다.

무상원조는 한편으로는 수혜국을 돕는다는 의미에서 공여국이 베푸는 시혜로 간주된다. 선진국이 자본과 기술의 부족을 겪고 있는 저개발국에 도움을 제공함으로써 저개발국의 경제발전을 도모한다는 것이다. 그러나 다른 한편으로 제2차 세계대전 이후 세계경제의 재편과정에서 과잉상품을 처분하는 기회를 마련하고, 시장을 확대하려는 선진국 독점자본의 논리로 무상원조를 파악하는 시각도 존재한다. 실제로 무상원조는 저개발국 경제발전의 기초가 되었다는 긍정적인 측면과 동시에 저개발국 산업구조의 불균형발전과 대외의존도를 심화시켰다는 부정적 측면의 결과를 초래하였다.

2.2. 차관

차관(loan)은 외국의 정부 또는 이에 준하는 공적기관으로부터 자금을 차입하는 것을 의미하는데, 차관에는 정치적 색채가 농후한 것이 많지만 순수한 경제적 목적으로 이루어지는 것도 많다. 차관은 채무의 액수가 정해져 있는 확정채무며 원리금 상환의 의무가 주어지는데, 차입기간은 비교적 장기간이다.

차관은 경제성장이나 자본축적에 필요한 국내저축량이 부족한 저개발국이 국제기구·국제금융기관이나 외국의 민간기업·민간금융기관 그리고 외국정부로부터 자금이나 물자를 차용하는 외자도입의 한 형태이다. 따라서 차관은 그 본질상 외국자본의 성격을 띠고 있으면서도 저개발국 내의 국제수지표상으로는 해외저축의 한 항목으로 나타나게 된다.

차관은 공여자가 공공기관인가 민간기업인가에 따라 공공차관과 상업차관으로 분류된다. **공공차관**은 보통 사회간접자본의 조성과 같은 공공의 목적을 위해 도입되므로 상업차관에 비해 그 상환기간이 길고 이자율도 낮다. 정상적인 거래에 비해 차입자 측에 유리한 조건으로 공여되기 때문에 이러한 의미에서 국가 간 '경제협력'의 대표적인 사례로 평가된다. 공공차관이 공여국 정부와 도입국 정부 사이에 직접적인 협상에 이루어지면 이를 **양자간** 또는 **쌍무적 협력(bilateral cooperation)**이라고 하며, 국제연합(UN), UN 산하 남아메리카 경제위원회(ECLA) 등과 같은 국제기구나 국제부흥개발은행(IBRD), 아시아 개발은행(ADB) 등과 같은 국제금융기구를 통해 간접적으로 이루어지면 **다자간 협력(multilateral cooperation)**이라고 한다.

상업차관은 차관공여국의 민간기업이나 금융기관이 도입국의 정부 및 금융기관의 지불보증 하에 도입국의 민간기업에 제공하는 차관이다. 이것은 보통 급속한 경제발전에 따른 민간기업의 투자확대 요구로 인해 이루어지는 것이기 때문에, 현금차관보다는 투자에 필요한 원자재나 자본재 등으로 제공되며 그 수입대금을 분할 상환하는 형태로 이루어진다.

또한 차관은 그 사용 용도의 제한 여부에 따라 프로젝트 차관과 프로그램 차관으로 분류된다. **프로젝트 차관(project loan)**은 고속전철사업・원자력발전소건설 등과 같이 차관을 사용하는 도입국의 특정 사업내용이 정해져 있는 차관으로 **조건부 차관(tied loan)**이라고도 한다. 프로젝트 차관의 경우 차관이 도입될 때 그 특정사업에 필요한 제반 설계・기술・자재 등이 공여국의 요구에 따라 수반되는 것이 보통이므로 그 부문의 차관공여국에 대한 의존도를 높일 위험성이 있다. 그리고 **프로그램 차관(program loan)**은 이러한 특정 사업내용이 정해져 있지 않고 도입국에서 그 사용 용도를 결정하는 차관이다.

2.3. 외국인투자

외국인투자(foreign investment)는 외국인(외국 국적을 가진 자연인 또는 외국의 법률에 의거하여 설립된 법인)이 자국 이외의 국가에 투자하는 것을 의미하는데, 차관과는 달리 확정채무가 아니라 기업의 경영상태에 따라 투자수익 또는 배당금이 결정된다.

외국인 투자는 회사의 경영에는 참여하지 않고 주식 · 회사채 등에 대한 투자로부터 얻는 배당금 · 수익을 목적으로 하는 **증권투자(portfolio investment)** 또는 **간접투자(indirect investment)**와 경영참가를 목적으로 현지에 자회사 · 합작회사 등을 설립하는 **외국인 직접투자(direct foreign investment)**가 있다.

그리고 외국인 투자는 지분의 소유에 따라서 외국인이 100%를 갖는 외국인 단독투자와 내국인과 외국인의 지분소유비율이 여러 형태를 띠는 **합작투자(joint venture)**로[42] 구분될 수 있다. 합작투자는 합작에 참가하는 기업들이 소유권과 기업의 경영을 분담하여 자본 · 기술 등 상대방 기업이 소유하고 있는 강점을 이용할 수 있고 위험을 분담한다는 점에서 상호이익이 되는 해외투자방식이다.

합작투자는 신설방식으로 이루어질 수도 있고 기존 현지법인의 일부 소유권을 취득하는 방식으로 이루어질 수도 있다. 다국적기업이 현격한 기술격차를 이용하여 해외에 진출했던 1950~1960년대에는 합작투자보다 단독투자방식이 많이 이용되었지만, 경쟁이 격화되고 신기술이 지연되는 등 독점적 우위의 확보가 어려워짐에 따라 최근 들어 합작투자를 통한 해외진출을 많이 이용하고 있다. 외국기업은 합자투자방식을 이용함으로써 위험부담의 축소, 규모의 경제 및 합리화 달성, 상호보완적인 기술 및 특허 활용, 경쟁 완화, 현지 정부가 요구하는 투자 또는 무역장벽 극복 등의 전략적 이점을 활용할 수 있다.

2.4. 기술도입

기술도입(technical importation)도 외자도입 형태의 하나로 볼 수 있다. 자본제 생산 하에서는 기술은 급속도로 발전하지만, 그것은 자본 간 경쟁을 통하여 실현되기 때문에 개개의 기업이나 국가에서는 불균등한 발전을 보이는 것이 일반적인 사례이다. 특히 자본축적이 미미한 저개발국에서는 산업발전의 수준을 끌어올리기 위해서 경제발전을 위한 재원뿐만 아니라 기술도입의 측면에서도 선진국에 크게 의존할 수밖에 없다.

---

42) 합작투자는 2개국 이상의 기업 · 개인 · 정부기관 등이 특정 기업의 운영에 공동으로 참여하는 해외투자 방식의 하나로 정의될 수 있다.

저개발국이 선진국으로부터 기술을 도입하는 형태는 크게 두 가지인데, 하나는 기계설비를 들여올 때 그 속에 체화(embodied)된 형태로 기술을 도입하는 것이며, 다른 하나는 공업소유권이나 기술정보를 **기술사용료(royalty)**나[43] 다른 대가를 지불하고 독립적으로 도입하는 것이다.

3. 외자소요액 : 양격차모형

저개발국이 경제발전과정에서 당면하게 되는 장애요인인 투자량의 부족을 외자도입이 어떻게 극복할 수 있으며, 궁극적으로 어떠한 조건 하에서 저개발국이 외자도입에 의존하지 않고도 자립적으로 경제발전을 추진해나갈 수 있는가를 알 필요가 있다.

경제발전을 위한 투자수준을 결정하는 요인으로는 다음의 세 가지가 있다.

첫째, **흡수능력(absorptive capacity)**인데, 이것은 저축을 사회적으로 수긍할 수 있는 수준의 수익을 내는 투자로 전환시킬 수 있는 투자수요능력을 의미한다. 재원은 있어도 생산기술이 낙후되었거나 판로가 없어서 생산시설을 설치할 수 없을 경우가 있는데, 이는 흡수능력이 부족하기 때문이다.

둘째, 일정한 양의 투자가 이루어지기 위해서는 저축된 자금을 투자화할 수 있는 투자수요능력이 있어야 하지만, 이 투자량에 상응하는 저축도 마련되어야 하는데, 이를 **저축능력(savings capacity)**이라고 한다.

셋째, 경제발전에 필요한 투자재의 일부는 외국으로부터 수입해야 하므로 투자량을 뒷받침하는 **외환공급능력(foreign exchange capacity)**도 있어야 한다.

외자도입은 국내투자를 실행함에 있어서 국내의 자본부족을 메워 주기 위해 필요한 것이기 때문에 이 세 가지 요인들이 외자의 소요액을 결정한다. 이와 같이 저개발국의 경제발전과정에서 소요되는 외자의 규모를 분석하고 설명하는 대표적 이론이 체너리(H.B. Chenery)와 스트라우트(A.M. Strout)의 **양격차모형(two gap model)**인데, 저개발국 경제발전의 장애요인을 세 단계로

---

43) **로열티**는 특정한 권리를 이용하는 이용자가 권리를 가지고 있는 사람에게 지불하는 대가이다. 여기서 말하는 권한은 지적재산권에 속하는 특허권 · 실용신안권 · 저작권 · 상표권 등을 말한다.

구분하고 있기 때문에 **3단계 접근방법**(three phase approach)이라고도 한다.

이 모형에서 저개발국은 경제발전과정에서 세 가지 연속적인 장애에 봉착하게 된다고 가정한다. 첫 번째 장애요인은 기술수준이 낮고 투자능력이 부족하여 투자의 흡수능력 자체가 매우 낮은 수준에 머물러 있는 경우이며, 두 번째는 국내저축의 부족 그리고 세 번째는 외환의 부족이다.

3.1. 흡수능력 부족

일반적으로 경제발전의 초기에 있어서 새로운 기술을 습득하거나 기업을 효율적으로 운영하기 위한 지식과 경험을 쌓기 위해서는 상당한 시일이 요구된다. 따라서 저개발국에서 다른 생산요소보다 자본이 지나치게 빨리 성장하게 되면 한계생산력체감의 법칙에 의해 자본의 생산성이 급격히 저하하게 되는데, 여기에서 흡수능력 부족의 문제가 생기게 된다.

이와 같이 저축이나 외환보다도 흡수능력의 부족 때문에 목표하는 투자가 이루어지지 못할 경우 흡수능력의 부족 문제를 해결하기 위해 외자도입이 필요하게 된다.

목표경제성장률(r)을 달성하는 데 필요한 투자량(I_R)은 다음과 같이 표시될 수 있다.

$$I_R = r \cdot K/Y$$

(여기에서 K/Y 는 자본-산출량 비율 또는 자본계수)

이 단계에서는 목표경제성장률을 달성하기 위하여 필요한 투자액에 비해 투자의 최대 흡수능력이 더 낮기 때문에 다음의 식이 성립된다.

$$I_R > \text{투자의 최대 흡수능력}$$

국내저축을 S_d라고 하고 I_R > 투자의 최대흡수능력 > S_d 를 가정하면, 외자를 $I_R - S_d$ 만큼 도입할 필요는 없으며, 투자의 최대흡수능력에서 국내저축을 공제한 만큼만 도입해도 경제발전의 초기단계에서의 장애요인은 제거된다.

이런 경우 외자는 기술 · 인력 · 과학 · 관리능력 등을 키우는 한편, 도로 · 전력 · 항만 등 사회간접시설을 중점적으로 확충하여 부족한 흡수능력을 제고하는 방향으로 투입되어야 할 것이다.

3.2. 저축격차

경제발전이 진행되는 과정에서 인력개발 · 기술개발 등을 통해 흡수능력을 키움으로써 흡수능력은 더 이상 목표투자율의 달성에 장애요인이 되지 않는 반면, 저축능력의 부족으로 인하여 목표투자율 달성에 어려움을 겪게 된다. 따라서 자본부족 문제를 해결하기 위해 국내저축의 증대가 강조되고 외자도입의 필요성이 제기된다. 이 경우 외자소요액은 **저축격차(savings gap)**에 의해 결정된다.

저축격차는 목표성장률의 달성에 필요한 투자량(I_R)과 국내저축으로 달성할 수 있는 투자량과의 차액이다.

목표성장률을 달성하기에 충분한 정도의 투자의 흡수능력이 있을 경우 아래의 식이 성립한다.

$$[\ I_R = r \cdot K/Y\ ] = \text{투자의 최대흡수능력}$$

여기에서는 국내저축의 부족이 경제성장의 장애요인으로 작용한다.

$$I_R > S_d$$

따라서 경제성장의 장애요인이 제거되기 위해서는 외자도입이 $I_R - S_d$ 만큼 필요한데, 이는 곧 저축격차를 메울 수 있을 만큼 외자가 도입되어야 한다는 것을 의미한다.

3.3. 외환격차

저개발국에서 생산설비를 갖추려면 국내에서 조달할 수 없는 자재나 기계 등을 선진국으로부터 도입해야 할 경우가 많다.

따라서 흡수능력과 저축능력이 충분하다고 하더라도 이러한 수입에 필요한 외환공급능력이 없으면 경제발전은 어렵게 될 것이다.

외환공급능력의 부족으로 투자에 필요한 자본재를 수입할 수 없어 목표투자율 달성에 어려움을 겪는 경우 외자소요액은 **외환격차(foreign exchange gap)** 또는 무역격차(trade gap)에 의해 결정된다.

외환격차는 목표달성에 필요한 투자량과 수출에 의한 외환공급으로 충당될 수 있는 투자량과의 차액, 즉 목표경제성장률을 달성하기 위해 필요한 수입액(M_R)과 현재 수출액(X)의 차액이다.

$$(M_R - X) > (I_R - S_d)$$

위의 식에서처럼 무역격차 또는 외환격차가 저축격차보다 더 클 경우, 외환부족 또는 이로 인한 수입능력의 제한이 경제성장의 장애요인이다. 그래서 목표성장률이 달성되기 위해서는 외환격차($M_R - X$)를 메울 수 있을 정도의 외자도입이 필요하다(【그림 4】 참조).

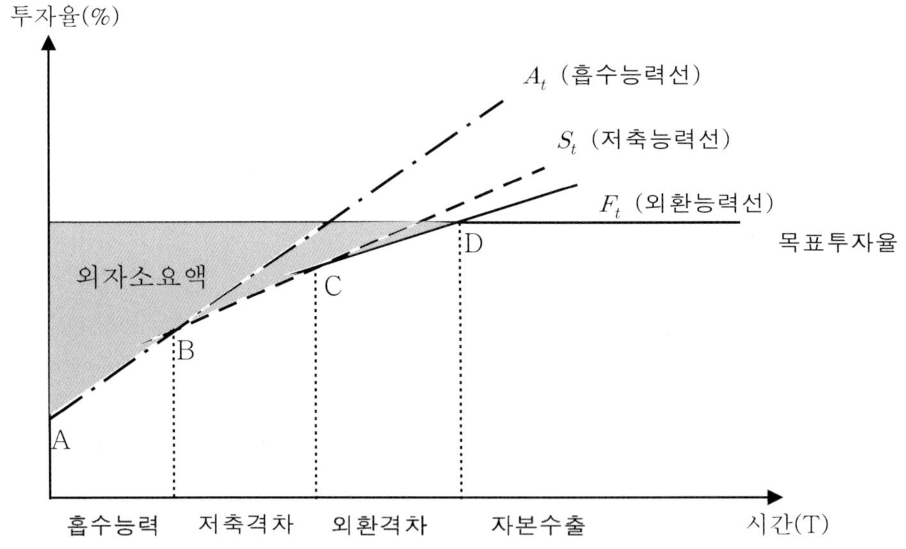

【그림 4】 양격차모형

외자도입 없이 달성 가능한 투자율은 【그림 4】에 나타난 세 가지의 능력선 가운데 가장 적은 쪽에 의해 결정되므로 이들 능력선 가운데 가장 낮은 수준을 연결한 ABCD선과 목표투자율선과의 간격이 외자도입의 소요액이다.

저개발국의 경제발전에 있어 외자의 소요액은 제1단계에서는 흡수능력의 부족에 의해서, 제2단계에서는 저축격차에 의해서 그리고 제 3단계에서는 외환격차에 의해서 결정된다. 그 다음 단계인 D점을 지나면서 마침내 자본수출국으로 전환된다.

경제발전의 양격차모형 또는 3단계 접근법에서는 투자 흡수능력의 부족, 국내저축의 부족 및 외환의 부족 등 세 가지 경제발전의 장애요인이 한 저개발국의 발전과정에 있어서 서로 다른 발전단계에서 각각 별도로 연속적으로 작용한다고 가정한다. 그러나 실제로는 이 세 장애요인이 어느 저개발국에서나 동시에 작용하는 경우가 흔하며 또 한 국가 내에서도 서로 다른 경제부문에는 각각 서로 다른 장애요인이 작용할 수도 있으므로 현실적으로 이 모형을 적용하는 데 많은 제약이 따른다.

4. 외자도입의 경제적 효과

외자도입의 경제적 효과에 대해서는 이미 오래 전부터 학자들 사이에 낙관론과 비관론이 대립되어 왔다. 허쉬먼(A.O. Hirschiman), 프랑켈(H. Frankel), 볼(J. Ball), 켐프(M.C. Kemp) 등의 낙관론자들은 외자가 공여국보다 도입국인 저개발국에 혜택을 주어 저개발국의 경제발전에 매우 효과적이라고 주장한다. 한편 그리핀(K. Griffin), 넉시, 싱거 등의 비관론자들은 외자가 오히려 저개발국의 경제발전을 저해한다는 점을 강조했다.

여기에서는 와자도입의 경제적 효과를 긍정적 효과와 부정적 효과로 나누어 간략하게 살펴보고자 한다.

4.1. 긍정적 효과

첫째, 소득고용효과를 들 수 있다. 외자도입은 투자를 증대시켜 소득과 고용을 증대시킨다고 볼 수 있다.

그러나 이 효과는 외자를 도입한 저개발국의 자본생산성, 외자도입액 및 잔액의 규모, 외자의 상환기간, 이자율 및 로열티 등의 조건에 따라 달라진다. 외자의 잔액이 작고 외자의 상환조건이 유리하고 저개발국의 자본생산성이 높은 경우에는 그 효과가 크고, 반대의 경우 효과가 작거나 마이너스일 수도 있다. 일반적으로 외자도입의 초기에는 소득 및 고용효과가 크지만, 장기적으로 외채가 누적되면 이 효과는 감소할 뿐만 아니라 소득의 증대와 고용의 창출을 저해할 수도 있다는 점에 유의해야 한다.

둘째, 경제발전촉진 효과이다. 외자도입은 국내저축을 보완하여 실물투자에 기여함으로써 자본형성을 촉진하여 경제의 생산력을 증대시킨다. 또한 외자도입은 개발도상국의 외환부족을 타개함으로써 자본재 수입능력을 촉진시켜 경제의 공급능력이 향상된다.

셋째, 국제수지개선 효과를 들 수 있는데, 외자도입은 단기적으로는 외환제약을 완화시키고 국제수지를 개선시키는 효과를 갖는다. 그러나 장기적으로는 금리, 상환기간, 외자의 수출증대효과와 수입대체효과의 크기 여부에 따라 국제수지를 악화시킬 수도 있다.

넷째, 기술도입 효과인데, 자본의 국제적 이동은 기술의 이동을 필연적으로 수반하게 된다. 같은 외자라도 생산기술, 관리능력과 정보, 규모의 경제 등의 이유로 차관에 비하여 직접투자의 기술도입 효과가 더 크다.

다섯째, 산업구조 개선 및 소득재분배 효과이다. 외자가 투자에 충당될 경우 국내의 자본스톡(stock)을 증대시킴으로써 자본장비율(자본/노동)을 높이면서 산업구조와 소득재분배에 영향을 준다. 일반적으로 자본집약적 산업이 확대되고 노동집약적 산업은 축소된다. 또한 노동의 자본에 대한 상대가격(임금/이자율)을 상승시켜 소득재분배의 효과도 기대할 수 있다.

4.2. 부정적 효과

첫째, 경제의 대외의존 효과이다. 외자도입의 조건에 관계없이 개발도상국의 국내저축에 의한 자본형성을 방해함으로써 외자수출국에 대한 도입국의 의존도를 높이게 된다.

차관의 경우는 채권확보를 위해, 직접투자의 경우 투자의 수익성과 안정성을 확보하기 위해 자본수출국은 도입국의 경제에 직·간접적으로 개입하게 되며, 경제정책의 독립성을 저해하며 내정간섭까지도 할 수 있다. 외국기업은 대규모 투자로 도입국에 의한 보호정책의 혜택을 받아 독점이윤을 취득하게 된다.

종속이론 학자로 저개발심화론을 주장한 프랑크는 이와 관련하여 "외자는 강자가 약자를 지배하는 수단의 하나"라고 주장했다.

둘째, 국제수지악화 효과이다. 외자는 단기적으로는 외환사정을 개선시키지만, 장기적으로는 원리금 및 이자 상환의 문제가 커져서 국제수지를 악화시킨다. 외채잔액이 크고, 차입금리가 높을수록, 외자가 사용된 투자의 수익률이 낮을수록 원리금 상환의 부담이 커진다.

셋째, 외자는 국민저축감소 효과를 가져다주는데, 외자는 국내저축을 대체함으로써 단기적으로 국민저축을 위축시킨다.

끝으로 산업간 격차확대 효과를 지적할 수 있다. 외자도입은 주로 현대적 부문에서 이루어져 전통적 부문에 비하여 이 부문의 성장만을 촉진하여 양 부문 간 격차가 확대되고 소득분배의 불균형이 심화된다.

제6장

인적자원과 경제발전

I. 인구증가와 경제발전

종전에는 경제발전을 위해 실물자본(physical capital)의 축적이 가장 중요하다는 사고가 지배적이었으나 점차 **인적자원(human resources)**의 효율적인 활용이 경제발전을 위해 실물자본 못지않은 중요성을 갖는다는 인식이 증대하고 있다. 특히 한국과 같이 협소한 국토에 많은 인구가 밀집되어 있는 국가에서는 인적자원의 효율적 활용 문제는 더욱 중요한 의미를 갖는다.[44)]

노동이라는 생산요소는 다른 생산요소를 이용하고 지배하는 등 타 생산요소와는 다른 특수한 성격을 가지며, 인구의 일부가 노동력(생산인구)을 구성하고 생산뿐만 아니라 소비와도 밀접한 관련을 갖는 양면성을 나타내고 있다.

그리고 노동력의 규모는 인구증가율에 의존하며 인구증가는 여러 가지 요인에 의해 결정된다. 특히 경제발전과 관련해서 중요한 것은 노동력의 규모와 노동력의 질적 향상이다. 애덤 스미스도 "노동의 질과 양이 국부(國富)를 결정한다"라고 하여 경제발전을 위한 인구의 중요성을 강조한 바 있다.

1. 인구성장과 경제발전과의 관계

1.1. 비관론

인구증가가 경제발전에 미치는 영향에 대해서는 비관론과 낙관론이 존재하는데, 우선 비관론에 대하여 살펴보기로 한다. 맬서스는 1798년에 출간된 저서 『인구론』(*An Essay on the Principles of Population*)에서 최초로 인구증가와 경제발전 사이의 관계를 분석했다. 이 책에서 맬서스는 인구는 식량의 공급부족에 의해 제약을 받지 않는 한 기하(등비)급수적으로 증가해서 30～40년 사이에 두 배로 증가하는 반면, 식량은 고정요소인 토지에 대한 수확체감(diminishing returns) 현상으로 인해 산술(등차)급수적으로 증가하므로 자연대로라면 과잉인구로 인한 식량부족은 피할 수 없으며, 그로 인해 빈곤과 죄악이 필연적으로 발생할 것이라고 주장했다.

---

44) 2008년 7월1일 현재 우리나라 국토의 면적(남한기준)은 2007년 보다 42㎢ 늘어난 10만 32㎢인데 비해 인구는 15만 명이 증가한 4,860만 명으로 조사되었다. 인구밀도(population density)는 ㎢당 487명으로 방글라데시, 대만에 이어 세계 3위이다.

만약 소득이 생존수준보다 높다면 이는 인구증가를 초래하여 노동공급이 늘어나고 그 결과 고정된 토지에 대한 수확체감으로 소득은 다시 감소하여 생존수준으로 돌아가게 된다. 따라서 결국 인구는 식량공급이 허용하는 한도까지만 증가하며, 이 경우 소득수준은 생존수준에 그치게 된다는 비관적인 전망을 제시했다.

그런데 인구증가는 자본축적과 기술혁신에 의해 노동에 대한 수요가 유발될 경우 경제발전을 촉진할 수도 있다. 서구제국은 18세기를 전후하여 높은 인구증가율을 나타내었음에도 불구하고 지속적인 기술진보와 해외무역의 확대로 생산과 투자가 계속되어 경제발전을 이룰 수 있었던 것이다.

그러나 많은 저개발국에서는 자본의 부족, 경제구조의 후진성, 전근대적 생산방법 등의 이유로 증가된 인구를 제대로 활용할 수 없었기 때문에 고용과 생산의 증대에도 불구하고 높은 인구성장률로 인해 1인당 산출량의 증대가 둔화되는 **과잉인구의 함정(the population trap)**에 빠지게 된다. 여기에서 과잉인구의 함정이란 맬서스의 인구법칙에 입각한 논리로 저개발국들은 과잉인구의 압력으로 경제성장이 지체된다는 주장으로 넬슨(R. Nelson), 히긴스, 한센 등이 이러한 입장을 취했다.

1.2. 낙관론

위에서 본 맬서스의 비관적인 견해는 14세기 이후부터 18세기까지 서구의 상황에 견주어 볼 경우 타당성을 갖는다. 그러나 그 후에 전개된 선진국의 현실은 맬서스의 예측을 크게 빗나갔다.

우선 기술진보가 생산성의 향상을 초래하여 수확체감을 상쇄하고도 남을 정도여서 19세기 중엽 이후부터는 소득이 지속적으로 증가했다. 그리고 19세기 말부터 선진국의 출산율이 감소하기 시작했고, 20세기 초에 이르러서는 소득이 지속적으로 증가하면서 출산율은 감소하는 인구변천의 제3단계에 진입하게 됨으로써 인구증가는 계속 둔화되었다.

인구증가와 경제발전과의 관계를 낙관적으로 보는 견해는 그 근거를 다음과 같이 제시하고 있다.

첫째, 인구증가는 주로 사망률의 감소에 기인하기 때문에 인구의 연령별 분포가 보다 생산적인 계층 중심으로 이행하여 생산가능 연령층(15세~65세)이 총인구에서 차지하는 비율은 꾸준히 증대되었다.

둘째, 인구증가는 유아사망률의 감소에도 기인하고 있으므로 이로 인한 정신적·물질적 낭비가 제거되고 부모들의 노동생산성도 증대된다.

셋째, 인구증가는 생산에 유용한 인간의 지식과 기술의 축적을 가능하게 하여 신상품의 개발을 촉진하고, 시장의 확대를 통한 규모의 경제(economies of scale)를 실현시킬 수 있다.

넷째, 인구증가는 내수시장을 확대시켜 기업가의 투자위험도를 감소시키며, 노동력의 질적 개선을 위한 훈련도 촉진한다.

사실 인류 역사상 인구가 증가하면서도 경제성장이 가능하기 시작했던 것은 산업혁명 이후부터이다. 쿠즈네츠는 산업혁명 이후 2백년 동안의 근대적 경제성장(modern economic growth)을 1인당 소득과 인구가 지속적으로 증가하는 것으로 규정하고 인구증가와 경제발전이 상호 촉진되는 연관성을 갖는다고 주장했다.

그러나 지난 수십 년 동안에 걸친 경제발전의 역사 속에서도 수많은 저개발국들은 과잉인구의 함정에 빠져 경제발전이 지체되고 여전히 절대적 빈곤 상태에서 헤어나지 못하고 있다는 사실은 부인할 수 없다. 따라서 역사적 경험으로 미루어볼 때 인구와 경제발전은 양(+)의 상관관계를 갖는다고 할 수 있지만, 경제발전의 특정 단계, 특정 지역에서는 인구증가가 경제발전을 저해하는 요인으로 작용할 수도 있다는 결론을 내릴 수 있다.

2. 인구의 적정규모와 구조

2.1. 인구의 적정규모

위에서 본 바와 같이 인구증가와 경제발전 사이의 관계에 대해서는 비관론과 낙관론이 대립하고 있다. 결국 경제발전에 있어서 인구증가의 긍정적인 효과는 적절한 인구규모와 안정적인 인구성장의 속도를 유지할 경우에 기대할 수 있을 것이다.

인구의 규모를 결정하는 것은 인구성장률인데, 이것은 출생률－사망률＋국내로 들어오는 이민율－국외로 나가는 이민율로 정의된다. 그러나 경제발전과 관련해서는 적정인구론에 입각해서 그 방향과 방법이 모색되어야 할 것이다.

1인당 소득은 자원, 생산규모, 총인구 등에 따라 영향을 받는데, 적정인구론은 1인당 소득과 총인구와의 관계 위에서 논의되고 있다. 한 국가에서 노동 이외의 모든 여건이 일정하다고 가정하면 1인당 소득과 총인구와의 관계는 【그림 5】와 같은 곡선으로 표시될 수 있다. 즉 한 나라에 있어서 1인당 소득은 자본규모나 기술수준이 일정한 상태에서 총인구에 따라 증가하는 추세를 보이다가 수확체감의 법칙에 따라 점차 체감할 것이다.

이와 같은 생산의 과정에서 1인당 소득이 극대인 수준을 유지할 경우의 인구규모를 우리는 **적정인구(optimum population)**라고 할 수 있을 것이다. 인구의 1인당 한계생산성(marginal per capita productivity of population)이 (+)의 값을 유지하는 한, 인구의 양적규모가 확대됨에 따라 1인당 산출량은 증가한다. 따라서 이것의 값이 '0'이 되는 수준의 인구를 적정인구이라고 할 수 있을 것이다.

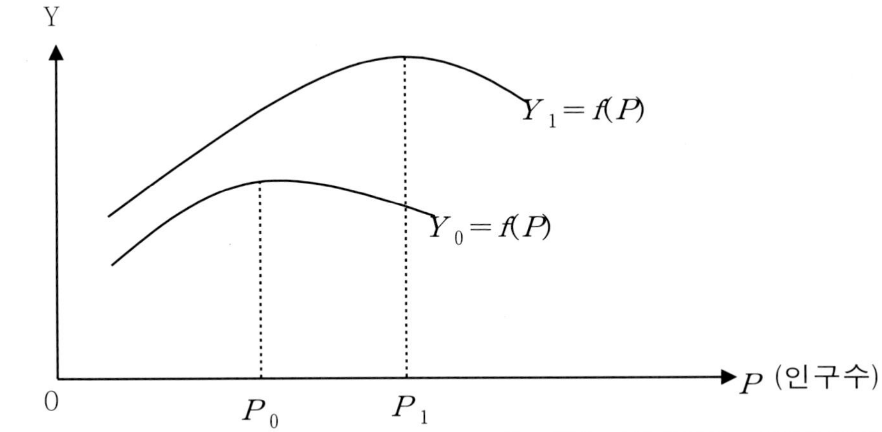

【그림 5】 인구의 적정규모

Y: 일인당 실질산출량(per capita real output)

【그림 5】에서 P_0는 적정인구를 표시하고 있는데, 이 적정인구는 경제적 사회적 여건에 따라 달라진다. 어떤 국가에서 자본축적, 기술혁신, 천연자원 등의 공급이 증대되면 적정인구의 규모도 OP_0에서 OP_1으로 증가할 것이다.

2.2. 인구의 구조

경제발전과 관련해서는 인구의 적정한 양적 규모뿐만 아니라, 다음과 같은 여러 가지 유형의 인구의 구조도 매우 중요하다.

① 인구의 연령별 구조

인구의 양적 규모가 동일하다고 하더라도 한 국가의 연령별 인구 구성비율에 차이가 있다면 노동공급은 영향을 받게 된다. 즉 한 국가의 인구 가운데 연소자나 노령자의 비중이 크다면 노동공급은 감소하게 될 것이다.

인구의 연령별 구조는 출생률과 사망률의 추이와 밀접한 관련이 있다. 출생률과 사망률의 추이는 다음과 같이 세 가지 유형으로 전개되어 왔다(【그림 6】 참조).

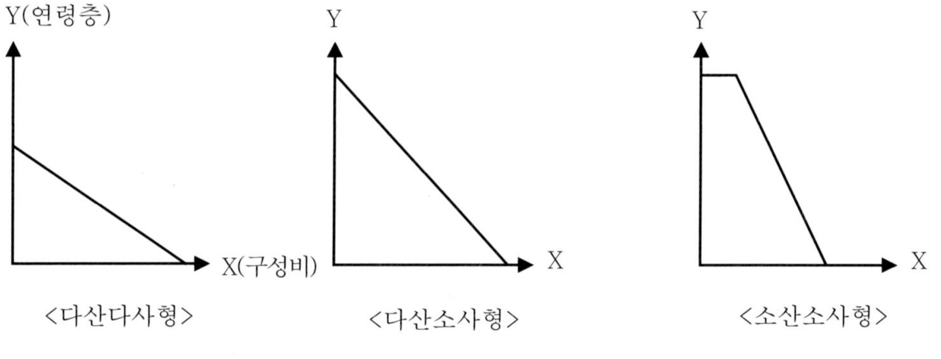

【그림 6】 인구의 연령별 구조

② 인구의 지역적 분포

개발도상국의 경우 일반적으로 도시의 인구밀도가 높은데, 이는 인구의 이동속도는 공업화의 속도에 비례하기 때문이다. 인구는 저소득 지역에서 고소득 지역으로, 소득전망이 낮은 지역에서 높은 지역으로 이동하는 경향이 있으며, 인구의 이동 가능성은 교육수준이 높을수록 더 크다.

한편 인구의 **도시집중화(urbanization)** 현상은 두 가지 유형으로 나눌 수 있다. 하나는 **끄는 형(pull type migration)**인데, 공업부문의 투자가 늘어 노동수요가 증대하는 경우로 사회적 혼란이 적고 생산성 증대의 효과가 크다. 다른 하나는 **미는 형(push type migration)**으로 농촌에서 농촌인구의 부양이 불가능할 경우에 무작정 이농현상이 발생하는 경우인데, 이 경우 잠재실업이 현재(顯在)실업화 되기 때문에 사회적 혼란이 발생한다.

③ 인구의 지적 구조

인구의 지적 수준이 높을 경우에는 그렇지 않은 경우보다 더 부가가치가 높은 일자리를 제공하는 인구의 수가 많아진다. 일반적으로 경제발전은 공업화를 의미하는데, 공업발전을 위해서 가장 필요한 것 중의 하나는 다양한 종류의 기술자를 비롯한 숙련노동자의 공급증대이다. 그런데 기술자나 숙련노동자는 교육과 훈련에 의해서만 이루어질 수 있다.

따라서 경제발전은 비생산적인 투기업자, 고리대금업자, 지주 등의 인구가 전체 인구 중에서 차지하는 비중이 저하하고, 그 대신 생산적인 기업가 혹은 혁신자(innovator), 창의적인 경영자, 발명가 등의 비중이 증대하는 것을 의미한다고도 볼 수 있다.

④ 인구의 산업별 구조

경제발전의 정도에 따라 제1차 산업의 인구의 비중은 저하하고, 제2차, 제3차 산업 인구의 비중은 증대하는데, 이를 페티-클라크의 법칙이라고도 한다.

그러나 일반적으로 인구과잉 현상을 나타내고 있는 저개발국에 있어서는 경제발전의 초기 단계부터 제3차 산업에 지나치게 많은 인구가 종사하고 있어 이 법칙을 그대로 적용하는 데 한계가 있다.

II. 인구정책

인구정책(population policy)이란 개인의 인구행태에 영향을 주어 적정인구를 실현하고 이를 유지시키기 위해 정부가 행하는 의도적 노력이다.

인구정책의 유형은 양적 규모의 측면에서는 흔히 가족계획이라고 일컬어지는 출산조절정책과 이민정책이 있으며, 질적·구조적 측면에서는 보건의료정책과 인구분산정책이 있다.

교육정책도 넓은 의미에서는 질적 측면의 인구정책이라고 볼 수 있는데, 이는 인적자본이론 부분에서 별도로 다루기로 한다.

1. 규모정책

경제발전이 일단 시작되면 일정 기간 동안 인구증가율은 오히려 상승하게 되는데, 이는 소득증대와 보건·의료의 발달로 인한 사망률의 감소에 기인한다. 따라서 인구증가율을 저하시키려는 노력은 출산억제정책과 같은 출생률의 억제, 인구과소국으로의 이민 장려 등에 집중된다.

일반적으로 경제발전은 출산력 저하와 병행하는 경향이 있는데, 저개발국들은 출산력 저하를 위한 가족계획사업을 추진함으로써 인구증가가 갖는 산업화의 지연현상을 극복하려고 노력하고 있다.

2. 구조정책

인구의 연령별 구조는 출생률과 사망률의 상호관계와 밀접한 관련이 있으며, 출생률의 저하는 유년층 인구의 비중을 감소시키는 것을 의미한다.

인구의 지역적 구조는 산업의 지방분산화와 밀접한 관련이 있다. 저개발국에서 인구의 지역적 분산은 이들 국가가 갖는 큰 특징의 하나인 경제적·사회적 이중구조(dualism)로 인한 격심한 지역적 불균형을 시정하는 것을 의미한다.

III. 인적자본론

1. 개념

인적자본론(human capital theory)은 경제활동의 근본으로서 인적자본을 중요시하여 인간을 투자에 의해 그 경제적 가치 또는 생산성의 증대를 가져올 수 있는 자본으로 보는 이론으로 1960년대 이후 노동시장분석의 주류를 이루고 있다.[45]

인적자본이란 미래에 금전적 소득을 창출하는 데 있어서 인간에 내재되어 있고 활용할 수 있는 자산을 말한다. 즉 인적자본은 인간체내에 체화되어 있는(embodied) 인간의 숙련과 생산적 지식의 저량(stock)을 의미한다. 일반적으로 자본이라고 할 경우는 자본, 토지 등 물적 자본만을 지칭하는 좁은 의미로 받아들여졌으나, 경제가 발전하고 제2차 세계대전 이후 교육이 경제성장을 촉진하는 요인으로 주목받게 되면서 그 중요성이 강조되었다.

인적자본의 종류는 그 형성과정에 따라 선천적으로 타고난 자본과 후천적으로 습득된 자본의 두 가지로 나누어진다. 선천적 자본은 지능이나 천부적 재능 등의 능력과 자질을 말하며, 후천적 자본은 교육, 보건, 훈련, 정보 등에 의해 습득된 지식과 기술이다. 인적자본론에 의하면 교육을 많이 받을수록 개인의 능력과 노동생산성이 커지므로 결과적으로 경제적 이익을 얻게 된다는 것이다. 이는 물적 자본에 대한 투자가 미래에 높은 경제적 이익을 가져다주는 것과 같은 이치이다.

인구의 지적 구조를 향상시키기 위한 투자는 물적 자본에 대한 투자보다 오히려 더 중요함에도 불구하고, 흔히 일반적인 의미의 투자(investment), 즉 케인스 이래로 발전되어 온 국민소득이론에 있어서의 투자의 개념에는 포함되지 않는 경우가 많다. 따라서 인적자본의 형성은 일반적인 의미의 투자계획과는 별도의 정책적 배려를 기초로 해야 한다.

---

45) 인적자본론은 미국의 노동경제학자인 베커(G.S. Becker)에 의해 강조되었는데, 시카고대학교 교수이기도 한 그는 경제학의 분석영역을 폭넓은 인간행동과 상호작용으로 확대한 공로로 1992년 노벨경제학상을 수상했다. 그는 노동의 양보다는 질을 중요시하였다. 한국, 대만 등이 짧은 기간에 경제발전을 이룩한 것도 교육을 잘 받은 질 좋은 인적자본(노동력)이 뒷받침되었기 때문이라고 했다.

2. 인적자본의 투자대상

2.1. 학교교육

학교교육(schooling) 또는 **정규교육**(formal education)은 가장 중요한 인적자본 투자의 대상이다. 왜냐하면 학교교육은 막대한 자금과 인원이 장시간에 걸쳐 동원되며, 개인적인 편익뿐만 아니라, 정치, 경제, 사회, 문화 등 모든 영역에 큰 영향을 미치고 사회적 이동(social mobility)의 가능성도 높이기 때문이다. 학교교육에 대한 투자는 교육에 소요되는 기본적인 **실질비용**(교육비, 책값 등)과 교육기간 동안 취업했더라면 벌 수 있었던 수입만큼의 **기회비용**(opportunity cost)[46]을 합한 총비용과 학교를 졸업한 후에 얻을 수 있는 **수입**을 비교하여, 투자수익이 투자비용보다 클 경우에 이루어지게 된다는 점에서 일반적인 물적 자본에 대한 투자이론과 동일하다.

2.2. 현장훈련

현장훈련(OJT: on-the-job training)은 직장에서 구체적인 직무에 임하여 선임자로부터 대면지도, 개별지도, 훈련지도 등을 통하여 직무수행 능력을 개발하는 것을 의미하며 직장훈련, 직무상 훈련 등으로도 불린다. 현장훈련에는 두 가지 종류가 있는데, 하나는 현재 고용되어 있는 기업에게만 유용한 **기업특수적 현장훈련**(firm-specific training)이고, 다른 하나는 그 외의 여러 기업에게도 유용한 **일반적 현장훈련**(general training)이다. 일반적으로 기업은 기업특수적 현장훈련의 경우에만 비용을 부담하려 할 것이다.

2.3. 정보

노동시장은 **정보**(information)가 불완전한 상태이므로 일정한 직업탐색을 위한 비용의 지출 또는 기타 노동시장과 관련된 정보 취득을 위한 투자는 노동자들의 취업 내지 고용을 통해 더 많은 경제적 편익의 확보를 가능케 한다.

---

46) 어떤 재화의 두 종류의 용도 가운데 어느 한 편을 포기할 경우 포기하지 않았다면 얻을 수 있었던 이익의 평가액(評價額)을 의미한다.

2.4. 이주

인적자본을 축적한 노동자들이 자신의 능력을 최대한으로 발휘할 수 있는 지역 또는 직장으로 이동함으로써 경제적 가치를 높일 수 있다. 이러한 이주에도 비용이 투입되고, 그 결과 더 높은 수익도 기대할 수 있기 때문에 **이주(migration)**도 인적자본에 대한 투자의 대상으로 간주한다.

2.5. 건강

이상의 학교교육과 현장훈련을 통한 인적자본의 형성이 인적자본의 투자에 있어서 가장 큰 부분을 차지하지만, **건강(health)**에 대한 투자도 인적자본에 대한 투자의 중요한 대상이다.

노동자들의 건강을 보호함으로써 노동공급을 일정한 수준 이상으로 유지시킬 수 있을 뿐만 아니라 결근, 지각, 조퇴 등으로 인한 경제적 손실을 감소시킬 수 있기 때문이다.

3. 인적자본론의 의의

3.1. 개인 간 소득불평등을 설명

인적자본론은 개인 간의 소득격차는 학교교육의 연수와 현장훈련, 즉 숙련의 정도에 의존한다는 사실을 설명하고 있다. 따라서 개인 간 소득불평등의 완화를 위한 정책적 방향을 제시해 준다.

3.2. 근로생애에 있어 임금의 차이를 설명

인적자본론은 현실에서 관찰되는 노동자의 생애에 있어서 근로소득의 변화와 노동자들 사이의 임금격차를 설명한다. 아래의 **연령-소득곡선(age-earning profile)**은 노동자의 생애에 있어서 연령이 많아질수록 소득이 어떻게 변화하는가를 보여주는 그래프인데, 역(逆)U자의 형태를 나타낸다(【그림 7】 참조).

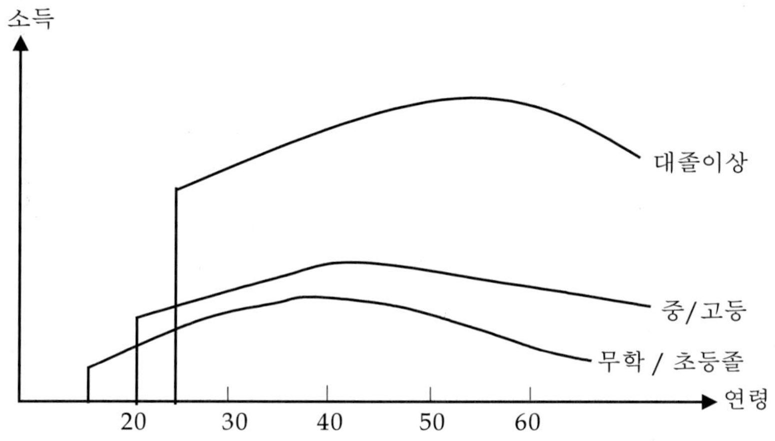

【그림 7】 연령-소득곡선

3.3. 한 국가의 경제성장의 원천을 설명

인적자본론은 한 국가의 경제성장은 인적자본에 대한 투자가 생산성을 높임으로써 이루어지는 것으로 설명하고 있는데, 이 사실은 여러 국가의 학자들의 경험적 연구에 의해서도 사실로 입증되었다.

인적자본이론은 유형의 자본보다는 **무형의 지식자산(intangible intellectual capital)**이 갖는 중요성이 강조되는 무한경쟁 시대에 인적자본의 축적에 관한 투자결정이라는 측면에서 인간의 행위를 보다 잘 설명하고 있지만 이에 대한 비판도 없지 않다.

4. 인적자본론의 한계

4.1. 소득격차에 대한 설명의 부족

인적자본론에서는 개인 간 소득의 차이는 개인의 인적자본에 대한 투자량의 차이에 기인한다고 보는데, 이러한 논리로는 동일한 학력과 경력을 가진 사람들 사이의 임금격차를 제대로 설명하기 어렵다.

특히 한국의 경우 대졸 사무직이 매우 높은 수준의 평생소득을 향유하는 현상에 대한 설명이 어렵다. 또한 인적자본에 대한 투자의 순이익의 현재가치와 투자비용의 현재가치가 동일한 점에서 투자가 이루어진다면 인적자본에 대한 투자량과 관계없이 평생소득은 동일하다는 모순에 빠지게 된다.

4.2. 교육과 생산성 증대에 의한 소득증대와의 불분명한 인과관계

보다 높은 수준의 교육과 훈련이 보다 높은 수준의 임금을 가져온다는 것은 실증적으로 입증이 되지만, 이러한 교육과 훈련이 생산성을 증대시키는지는 아직까지 입증되지 않았다. 이 점이 인적자본이론의 가장 결정적인 한계로 지적되고 있다.

그래서 애로우(K. Arrow), 루카스(R. Lucas), 서로우(L. Thurow), 스펜서(E. Spencer) 등의 학자들은 교육과 훈련의 높은 생산성과의 상관관계를 완전히 무시하지는 않지만, 교육과 훈련이 높은 임금의 원인이라는 인적자본이론을 반대하여 교육과 훈련이 생산성의 증대보다는 유능한 사람을 식별하거나 선별하는데 유용하다는 **선별가설(screening hypothesis)**을 제시하였다.

이들은 노동자의 채용 시에는 채용 또는 선별비용(screening cost)과 훈련비용이 드는데, 사용자는 이 선별비용을 줄이기 위해 능력의 대리변수인 교육에 높은 임금을 지불하게 된다고 주장하였다. 선별가설에 의하면 교육제도는 유능한 사람을 식별 내지 선별하는 기구(sorting mechanism)에 불과하다.

제7장

기술진보와 경제발전

Ⅰ. 기술진보의 개념과 의의

Ⅱ. 기술진보의 유형

Ⅲ. 경제발전의 단계와 기술의 역할

Ⅳ. 기술도입의 문제점과 대책

I. 기술진보의 개념과 의의

1. 기술진보의 개념

기술진보(technical progress)는 생산기술에 관한 새로운 방법의 이용 또는 새로운 생산함수의 도입을 의미하는데, **기술혁신(technological innovation)**과 같은 의미로 해석되기도 한다.

기술혁신은 기술의 발전과 그것이 경제적인 채산성에 맞음으로써 경제에 도입되어 일어나는 경제구조의 개편이라고 정의될 수 있는데, 슘페터가 사용한 **혁신**을 번역한 용어로도 쓰이고 있다. 슘페터는 혁신을 기술의 발전뿐만 아니라, 새로운 시장의 개척, 상품공급 방식의 변경 등 경제에 충격을 주어 변동을 야기하며, 이것에 의해 동태적 이윤을 발생시키는 모든 계기를 뜻하는 것으로 해석했다. 이러한 그의 개념은 기술발전의 도입과 이것이 보급되는 과정을 포함하고 있다는 점에서 기술혁신과 같다고 할 수 있다.

기술혁신을 가장 크게 다룬 것으로 콘드라티예프(N.D. Kondratiev)의 **장기파동설**이[47] 있다. 이것은 1870년부터 1930년경까지의 60년 동안에 산업혁명, 철도건설, 자동차 · 전기 · 화학공업의 출현 및 이의 흡수에 의하여 3개의 큰 경기의 기복이 있다고 하는 것이다. 또 슘페터는 경기변동 그 자체를 기술혁신의 도입과 그 흡수과정이라고 보았다.

일반적으로 기술혁신은 그것을 구체화하기 위한 설비투자가 반드시 수반되어 호황을 가져다주고, 노동생산성을 향상시키며, 새로운 제품 또는 보다 성능이 좋고 값이 싼 제품을 생산하게 하여 새로운 산업의 성립과 기존산업의

---

47) **콘드라티예프 파동(Kondratiev Cycles)**은 1920년대에 영국 · 미국 · 독일 · 이탈리아의 도매물가지수 · 이자율 · 생산량 등의 승수에서 검출한 50년 주기를 가진 경제의 장기순환을 의미한다. 콘드라티예프 파동의 제1파는 1780년대 말부터 1850년대 초까지, 제2파는 그 후 1890년대 초까지, 제3파는 그 후 다시 1920년대 초까지로 되어 있으나, 어떠한 원인에서 이러한 파동이 발생하였는가에 대해서는 충분한 설명을 하고 있지 않다. 원인으로서 전쟁과 금생산량을 내세우는 사람도 있으나, 혁신(innovation)에 의거해 장기파동에 대한 설명을 시도한 슘페터의 기술혁신설이 가장 유력하다.

변혁을 일으켜 이에 대한 수요구조를 변화시킨다. 그러므로 기술혁신은 자본주의 경제발전의 원동력이라 할 수 있는 지위를 차지하고 있다.

일반적으로 기술진보는 일정한 생산량을 보다 적은 생산요소의 투입으로 또는 일정한 생산요소의 투입으로 보다 많은 생산량을 가져오게 하는 기술적 변동으로 이해된다. 따라서 기술진보가 이루어지는 경우에는 생산함수가 변화한다.

【그림 8】의 (a)에서는 다른 생산요소의 양은 고정되어 있고 노동만이 가변생산요소인 단기생산함수를 가정하고 있다. TP_0는 기술진보가 있기 전의 생산함수를 표시하고 있는데, 기술진보가 이루어진 후에는 TP_1이 되었다. 노동량이 $0L_0$인 경우, 기술진보가 있기 이전에는 총생산량이 $0Q_0$이던 것이 기술진보로 인해 $0Q_1$으로 증가한 것이다.

【그림 8】의 (b)에서는 자본과 노동이 모두 가변생산요소인 장기생산함수인데 Q곡선은 일정한 생산량을 생산하기 위한 등량곡선을 나타낸다. 기술진보가 이루어지면 등량곡선이 원점을 향해 이동하여 Q'곡선이 될 수 있다. 이는 기술진보가 이루어지면 일정한 양을 생산하는데 이전보다 더 적은 생산요소가 투입된다는 것을 의미한다.

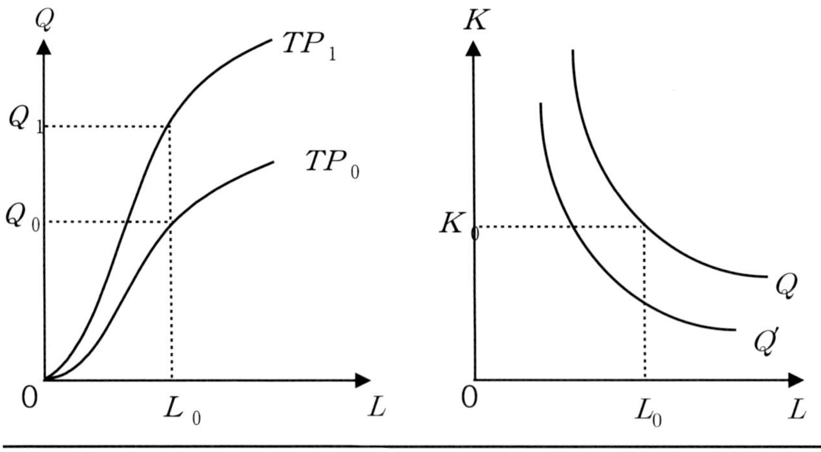

【그림 8】 기술진보

2. 기술진보의 의의

경제학자들은 오래 전부터 기술진보가 경제발전에 중대한 영향을 미친다는 사실을 인식했다. 영국의 고전학파 경제학자들은 자본주의경제의 발전이 기술진보와 인구증가의 속도에 달려 있다고 보았는데, 처음에는 경제발전을 촉진하는 기술진보의 속도가 인구증가의 속도보다 빨라서 경제가 성장하지만 점차 인구증가가 기술진보를 능가함으로써 자본주의경제는 정체상태에 빠진다는 비관적인 예측을 했다.

마르크스도 기술진보가 자본주의 경제발전의 원동력이라고 생각했으며, 슘페터는 자본주의경제에서 경제발전의 중추적인 기능을 수행하는 사람은 혁신을 이루는 기업가라고 했다.

새뮤얼슨(P.A. Samuelson), 솔로우(R. Solow), 데니슨(E. Denison) 등의 경제학자들도 선진국의 경험에 비추어 자본보다는 기술의 진보와 혁신이 경제의 성장과 발전에 더욱 중요한 역할을 한다고 보았다.[48] 그리고 자본의 증가가 노동생산성을 높인다고 하더라도 기술혁신이 없이 자본의 투입만 증가시키면 자본의 한계생산성이 체감해 평균 이윤율이 감소하고 궁극적으로 경제는 **정태균형 상태(stationary state of equilibrium)**에 머물게 된다고 주장했다.

한편 쿠즈네츠는 산업혁명 이후 약 2세기 동안 선진국들의 경제성장은 기술적인 혁신을 생산활동에 대거 적용한 데 기인한다고 보았는데, 이 기간을 과학의 시대(scientific epoch)라고 명명했다.

또한 1980년대 후반기의 **내생적 성장이론(endogenous growth theory)**도[49]

---

48) 이에 관한 경험적 연구사례를 보면 우선 솔로우는 1909년부터 1949년까지 미국의 GNP 평균성장률 2.9% 중에서 자본의 성장에 의한 것이 0.32%, 노동투입의 증대에 의한 것이 1.09% 그리고 기술진보에 의한 것이 1.49%를 차지하였으며, 1인당 소득성장률 1.8%에서 기술진보의 기여도는 무려 82%에 달한다는 연구결과를 제시했다. 그리고 데니슨도 1929년부터 1969년까지 미국의 GNP 평균성장률 3.41% 중에서 자본의 성장에 의한 것이 0.50%, 노동투입의 증대에 의한 것이 1.32% 그리고 기술진보에 의한 것이 1.59%를 차지하였으며, 1인당 소득성장률 2.09%에서 기술진보의 기여도는 76%이상을 기록했다고 주장했다.

49) 미국의 경제학자 로머(P.A. Romer) 등이 주장한 경제성장이론으로 신고전학파 경제성장이론과 구분되는 것은 경제성장을 경제체제 외부로부터 들어온 힘의 결과물이 아니라 경제체제의 내생적 결과물이라고 강조하는 데 있다. 따라서 이들은 경제성장 과정에서 기술진보를 외생적 변수로 인용하지 않고, 더 많은 사람들이

경제성장 과정에서 기술진보가 차지하는 중요성을 강조했다.

실물자본이나 인간자본에 대한 새로운 투자가 기술진보를 초래하게 된다고 보았으며, 경제성장률은 혁신활동에 투입된 연구개발(R&D)을 위한 지출액의 크기에 달려 있다는 점을 강조했다.

이상에서 본 바와 같이 기술진보는 기업의 성패를 좌우하는 중요한 요소일 뿐만 아니라, 이것이 경제의 미래를 결정하는 요인이라는 데는 이론(異論)의 여지가 없다. 기술진보는 경제발전을 가속화하고 경제발전의 기간을 단축시킨다(예: 일본). 또한 기술진보는 자원의 부족이라는 경제발전의 장애요인을 극복할 수 있는 유일한 방안이기도 하다(예: 스위스).

II. 기술진보의 유형

기술의 발전은 생산의 효율성을 높임으로써 일부 생산요소를 다른 생산용도로 배분시킬 수 있도록 절약하고, 어떤 경우에는 전혀 새로운 상품을 개발하기도 한다. 따라서 기술진보가 진행되면 지속적인 생산성 향상과 생산규모의 확대가 가능해진다. 기술진보의 유형에 대해서는 두 가지 상이한 관점이 존재한다. 하나는 힉스(J.R. Hicks)에 의한 생산량과 투입요소량 사이의 관계를 통해 생산함수의 변동이 일어나는 과정을 고찰하는 관점이고, 다른 하나는 해러드에 의해 제시된 노동과 자본 사이의 기술적 관계가 소득분배에 있어서 노동소득과 자본소득의 비율, 즉 노동과 자본 사이의 대립관계에 어떠한 영향을 미치는가를 연구하는 관점이다.

우선 기술진보는 생산요소의 사용비율(*K/L*)이 어떻게 달라지느냐에 따라 중립적 기술진보, 노동절약적 기술진보 그리고 자본집약적 기술진보로 나눌 수 있다.

연구개발에 전념할 수 있는 경제적 유인성이 존재한 곳에서 더 많은 발명이 이루어지고 있다는 현실인식으로부터 기술진보의 외생성 대신에 내생성을 내생적 경제성장이론이 도입하게 된 것이다. 이것은 **신(新)슘페터 모형**으로 불리기도 한다.

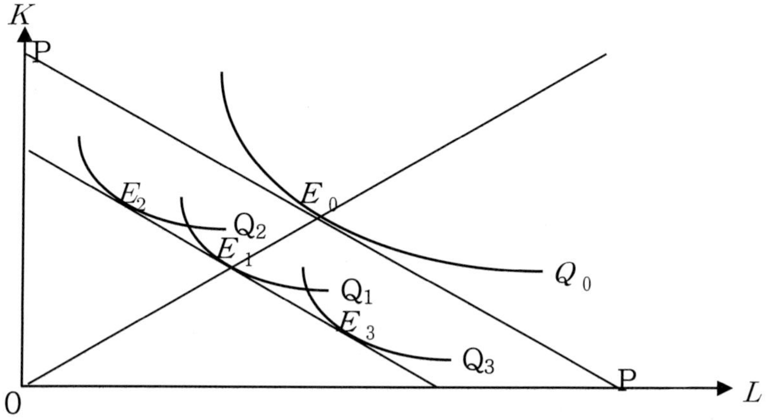

【그림 9】 기술진보의 유형

【그림 9】에서 세로축은 자본(***K***)의 투입량을 나타내며, 가로축은 노동(***L***)의 투입량을 나타낸다. 그리고 Q_0는 일정한 수준의 산출량을 나타내는 등량곡선이며, ***PP***는 등비용곡선이다. 기술의 변화가 일어나기 이전의 원래 균형점은 E_0로서 Q_0와 ***PP***는 서로 접하고 있다.

Q_1, Q_2, Q_3는 각각 Q_0와 동일한 수준의 산출량을 나타내는 등량곡선들이며 기술진보가 이루어진 후의 상황을 나타내고 있는데, 기술진보가 이루어지면 등량곡선이 원점을 향해 아래로 이동하는 것이다. 이 때 기술진보는 ***K***와 ***L***의 투입량에 동일한 영향을 미칠 수도 있으나 대개의 경우 다른 영향을 미치게 된다.

중립적 기술진보(neutral technical progress)는 생산에 투입되는 각 요소의 감소비율이 동등한 기술상의 변동 또는 종전과 같은 양의 생산요소를 같은 비율로 투입하여 생산량을 증가시킬 경우를 의미한다. 만약 기술진보 이후의 등량곡선이 Q_1으로 표시된다면 새로운 균형점은 E_1이 될 것이다. 이 경우 기술진보는 두 생산요소인 ***K***와 ***L***을 동일한 비율로 절약하므로 ***K/L*** 비율은 선분 **0*X***의 기울기가 나타내는 것처럼 일정하며 변동이 없다.

자본집약적(capital intensive) 또는 **노동절약적(labor saving) 기술진보**는 노동의 투입을 감소시키고 자본의 투입을 상대적으로 증대시키는 형태의 기술진보를 의미한다.

예를 들어 기술진보가 발생한 후의 등량곡선이 Q_2라면 투입물의 가격이 일정할 때 새로운 균형점은 E_2가 된다. 이 경우 K에 비해 L이 더 많이 절약되고 있는데, 그 결과 K/L 비율은 선분 $0Y$가 나타내는 기울기로 증가한다.

노동집약적(labor intensive) 또는 **자본절약적**(capital saving) **기술진보**는 자본의 투입을 감소시키고 노동의 투입을 상대적으로 증대시키는 형태의 기술진보를 의미한다. 예를 들어 기술진보가 발생한 후의 등량곡선이 Q_3라면 투입물의 가격이 일정할 때 새로운 균형점은 E_3가 된다. 이 경우 L에 비해 K가 더 많이 절약되고 있는데, 그 결과 K/L 비율은 선분 $0Z$가 나타내는 기울기로 감소한다.

한편 해러드는 장기적으로 생산요소의 부존량이 일정하다는 가정은 비현실적인 것으로 파악하고 경제가 성장하는 상태에 적절한 기술진보의 유형을 제시했다. 해러드는 주어진 이자율 하에서 **자본-소득계수**가 일정한 기술진보를 중립적 기술진보, 자본-소득계수가 증가하는 기술진보를 노동절약적 기술진보, 이와는 반대로 자본-소득계수가 감소하는 기술진보를 자본절약적 기술진보로 정의했다.

현대적 의미에서 해러드의 중립적 기술진보는 자본-소득계수가 일정할 때 자본의 한계생산이 일정한 기술진보로도 해석할 수 있다. 여기에서도 힉스의 기술진보의 경우와 마찬가지로 자본절약적 기술진보의 경우 자본-소득비율이 감소하며, 노동절약적 기술진보의 경우 자본-소득비율이 증가하고 중립적 기술진보의 경우 소득분배에는 변화가 없게 된다.

결국 기술진보의 유형에 있어서 힉스의 견해나 해러드의 견해 모두 기술진보 이전과 이후의 소득분배에 영향이 없게 되면 중립적 기술진보, 자본소득비율이 증가하면 노동절약적 기술진보, 노동소득비율이 증가하면 자본절약적 기술로 정의된다는 사실을 알 수 있다.

다만 힉스는 비교기준을 요소집약도로, 해러드는 자본-소득계수가 일정한 경우를 삼고 있을 따름이다. 상대적 분배비율은 요소 사이의 대체탄력성에 달려 있으므로 **콥-더글러스 생산함수**(Cobb-Douglas Production Function)에서와 같이 요소탄력성이 단위탄력적일 경우 힉스의 중립적 기술진보와 해러드의 중립적 기술진보는 같게 된다.

기술진보의 유형에 대한 선택은 필요에 따라 달라지겠지만 힉스의 기술진보는 개별 기술진보의 본원적 특성을 연구하는 데 적절하며, 해러드의 기술진보는 경제 전반의 기술진보 분석에 더욱 유용하여 해러드의 중립적 기술진보는 경제성장이론에서 매우 중요한 역할을 했다.

세계의 과학 및 기술의 발전이 대부분 선진국에서 이루어지기 때문에 이러한 자본절약적 기술진보는 매우 드물게 나타나는 현상이다. 그러나 상대적으로 자본은 희소하고 노동력이 풍부한 저개발국에서 필요한 것은 자본절약적 기술진보이다. 이와 같은 기술진보는 보다 효율적인 자본절약적(노동집약적) 생산기술의 고유한 개발은 저개발국에 있어서 장기적인 고용지향적 발전전략에 필수적인 요소라고 할 수 있다.

그러나 실제로 저개발국들은 자본절약적 기술을 개발하지 못하고 자본집약적 기술을 사용하는 경향이 있는데, 그 이유는 다음과 같다.

첫째, 저개발국이 사용하는 기술 가운데 거의 대부분은 선진국의 자본집약적 기술을 그대로 도입하거나 모방한 것이다.

둘째, 자본절약적 기술이란 자본재를 더욱 저렴하게 공급하는 것이라고 할 수 있는데, 저개발국에서는 자본재의 생산단가가 상대적으로 더 높기 때문에 기술이 자본절약적이 되지 못하고 노동절약적이 되는 경향을 나타내게 된다.

한편 기술진보, 특히 노동절약적 기술진보가 고용수준을 감소시킨다는 견해가 있는데, 이는 잘못된 것이다. 기술진보는 생산 단위당 필요한 요소의 투입량을 감소시키므로 생산량이 증가하지 않을 경우 고용량은 감소할 것이다. 그러나 경제전체의 관점에서 보면 기술진보의 혜택이란 주어진 부존요소로 더욱 많은 산출물을 생산하는 것을 의미하므로 노동절약적 기술진보가 고용감소를 가져온다는 견해는 기술진보가 산출량의 수준을 변화시키지 않는다는 비현실적 가정 하에서만 성립되는 것으로 이론적 근거는 희박하다. 물론 기술진보로 인하여 일부계층의 마찰적 실업, 구조적 실업도 발생할 수도 있으나 이러한 실업이 얼마나 오래 지속되느냐는 경제 내부의 이동성(mobility)에 달려 있다.

III. 경제발전의 단계와 기술의 역할

경제성장의 원동력은 생산요소의 공급은 물론이거니와 기술진보로 인한 생산요소의 효율성 내지 생산성의 증대라고 할 수 있다. 그런데 경제성장에 있어서 기술이 얼마나 중요한 역할을 하느냐의 여부는 경제발전 단계에 따라 상이하다.

일반적으로 대규모의 실업이 존재하는 경제발전의 초기단계보다는 완전고용에 가까운 성숙단계에서 기술발전의 정도가 경제발전을 결정하게 되는데, 그 이유는 다음과 같다.

첫째, 대규모 실업과 자본부족 현상이 지배적인 경제발전의 초기단계에서는 노동이나 자본과 같은 생산요소의 공급을 지속적으로 증대시키는 것이 용이할 뿐만 아니라, 임금이 저렴하기 때문에 기술개발의 필요성이 크게 부각되지 않는다. 그리고 기술개발에는 자본이 많이 소요되고 실패의 위험성도 크며 시간도 오래 걸리기 때문에 기술개발을 서두르지 않는다. 그리고 저축도 계속 증가할 것이나 저축이 부족하더라도 외자도입을 통해서도 자본의 공급을 증대시킬 수 있다.

이러한 여건 하에서는 기술진보 없이도 생산과 투자가 확대되어 지속적인 경제성장이 가능한 것이다.

둘째, 노동공급의 부족으로 인한 구인난, 저축률의 정체, 고임금 등의 문제가 나타나는 경제발전의 성숙단계에서는 생산요소 투입의 증대나 생산요소 가격의 하락을 통한 성장의 유인력은 약해진다. 따라서 기술진보에 의한 생산요소의 효율성을 높이는 것이 지속적인 경제성장을 위한 유일한 돌파구가 되는 것이다.

그리고 경제발전의 성숙단계에서는 일반적으로 투자가 포화상태에 가깝기 때문에 새로운 투자에 대한 유인이 약하다. 따라서 새로운 투자유인의 창출이 시급한데, 투자유인을 확대하는 역할을 하는 것이 바로 기술진보이다.

【그림 10】은 완전고용상태에 있는 한 국가의 경우를 나타내고 있다. 가로축은 자본량(K), 세로축은 자본의 한계생산력(MP_K), 즉 투자수익률을 나타낸다. MP_1, MP_2, MP_3 등은 서로 다른 기술수준 T_1, T_2, T_3에서의 자본의 한계생산력을 나타낸다.

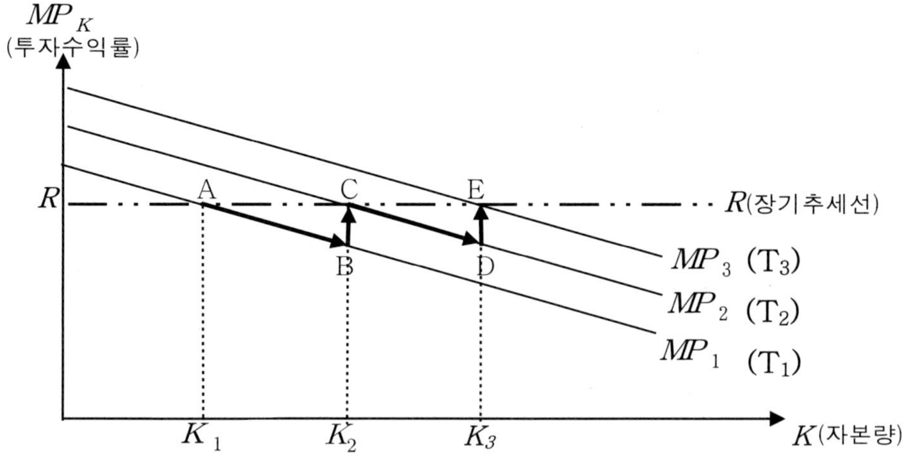

【그림 10】 경제발전과 기술의 역할

특정 시기의 자본량이 K_1, 이때의 기술수준 하에서의 자본의 한계생산력을 MP_1이라고 한다면, 투자는 ***A***점에서 결정되고 투자수익률은 ***R*** 또는 ***A***의 수준이 된다. 그런데 경제발전에 따라 자본이 축적되어 자본량이 K_2로 증가하면, 완전고용상태에서 자본만 증가하고 노동의 투입은 증가할 수 없기 때문에 투자수익률은 ***A***에서 ***B***로 감소하게 된다. 자본의 한계생산력이 감소하는 것은 자본이 증가할 때 노동이나 기술과 같은 다른 생산요소의 투입은 고정되어 있다는 것을 전제로 하기 때문이다.

그러나 자본이 K_1에서 K_2로 증가할 때 노동, 기술 등의 다른 생산요소가 따라서 증가한다면 자본의 한계생산력은 MP_1에서 MP_2로 이동할 수 있다. 그러나 실업이 존재하지 않을 경우 노동력 공급의 증대는 불가능하므로 기술진보에 의존할 수밖에 없다. 따라서 기술진보가 이루어져 자본의 한계생산력이 MP_1에서 MP_2로 증가하면 투자수익률은 다시 ***B***에서 ***C***의 수준으로 상승하여 투자수익률의 감소를 방지할 수 있다. 이와 같이 자본투입의 증대에 따라서 기술진보도 지속적으로 이루어진다면 투자수익률은 ***A*** → ***B*** → ***C*** → ***D*** → ***E***의 경로를 따라 움직일 것이며, 이것은 결국 ***RR***의 장기추세선으로 나타날 것이다.

이상은 기술진보가 계속 이루어져 투자수익률을 일정하게 유지해 주는 경우를 설명한 것이다. 만약 기술진보의 수준이 미흡하다면 투자수익률은 장기적으로 하락하여 경제발전의 속도가 둔화될 것이고, 기술진보가 더 빠른 속도로 진행된다면 투자수익률은 오히려 상승하여 경제발전은 더욱 가속화 될 것이다. 결국 완전고용을 달성한 성숙단계의 경제는 투자유인의 감소와 고임금으로 특징지어지는데, 이 단계에서 경제성장을 지속시키는 방안은 기술진보를 통해 이를 극복하는 것이다.

IV. 기술도입의 문제점과 대책

기술도입(technical importation)은 외국에서 개발된 최신의 기술을 수입하는 것을 의미하는데, 국가 간의 기술이전을 기술을 수입하는 나라의 입장에서 보는 것이다. 자본제 생산 하에서는 기술은 급속도로 발전하지만, 그것은 자본 간 경쟁을 통해 실현되기 때문에 개개의 기업이나 개개의 나라에서는 불균등한 발전을 보이는 것이 일반적이다. 특히 자본축적이 미미하고 독자적인 자체기술의 개발에 어려움을 겪고 있는 저개발국에서는 경제발전을 위해 자본뿐만 아니라 기술도입의 측면에서도 선진국에 크게 의존할 수밖에 없다.

선진국과 저개발국 사이에 기술의 거래가 이루어지는 시장은 단순히 가격기구로만 설명될 수 없으며 오히려 양 국가의 상대적 교섭력에 의해 좌우되는 매우 불안정한 시장이라는 점에 유의해야 한다. 그 이유는 저개발국의 경우 기술과 관련된 정보가 매우 빈약하여 기술도입과 관련된 계약을 제대로 평가하기가 어려우며, 기술도입의 대가라고 할 수 있는 로열티의 수준도 적절한 수준과 엄청난 괴리를 나타낼 경우가 많기 때문이다.

1. 기술도입의 문제점

다음과 같은 기술도입으로 발생할 수 있는 문제점을 해결하지 못할 경우, 기술도입을 통해 경제발전을 추진하려던 저개발국은 사회전체로 보아 결코 바람직하지 못한 부담을 안을 수 있다.

1.1. 저개발국의 현실에 부적합한 선진국의 기술

일반적으로 선진국은 저개발국에 비해 상대적으로 자본스톡이 풍부한 반면 노동력은 희소하기 때문에, 자본집약적인 방향으로 개발된 선진국의 기술이 자본스톡이 부족하고 노동력이 풍부한 저개발국의 현실에는 부적합할 수 있다. 왜냐하면 선진국으로부터 기술이 도입되면 저개발국에서는 노동생산성은 향상될 수 있으나 **자본계수(capital coefficient)**가 높아져 높은 성장률에도 불구하고 고용증대는 상대적으로 부진할 가능성이 높기 때문이다.

따라서 선진국으로부터 기술을 도입하는 저개발국은 국내의 경제적 여건, 기술수준 등을 고려하여 도입하는 기술을 신중하게 선택해야 할 뿐만 아니라, 도입된 기술의 흡수·개량·응용 등을 위해 노력해야만 기술도입에 따른 제반 비용을 최소화시킬 수 있을 것이다.

1.2. 기술보유국의 독점적 횡포

기술을 제공하는 선진국의 특허권자가 갖는 기술보호에 대한 강력한 의지와 과도한 독점적 횡포는 저개발국의 기술도입에 심각한 장애요인으로 작용할 수 있다.

선진국은 저개발국과 기술도입의 계약을 체결할 때 저개발국의 무지 또는 기술의 낙후성이라는 약점을 이용하여 막대한 기술사용료를 강요하거나, 기술습득을 하지 못하도록 여러 가지 제약적인 조건을 강요하는 등 저개발국에 일방적으로 불리한 독점적 실력행사를 하는 경우가 많다.

1.3. 기술도입 기업의 독과점화

기술도입이 새로운 생산설비의 도입이라는 형태로 이루어지는 경우, 그 기술을 도입한 기업은 처음부터 시장을 지배하게 되고 독점이윤을 취득하는 독점력을 행사할 가능성이 크다. 그 후 동일한 종류의 기술이 다른 기업에 의해서도 추가적으로 도입되면 과점(oligopoly)으로 진행되는데, 일반적으로 이들 기업은 소유한 자본이 많기 때문에 과점균형을 이루는 경우가 많다.

한편 기술혁신이 국내에서 이루어지는 경우에도 독점이윤은 발생하지만, 이는 시간의 경과에 따라 다른 기업에 의한 모방으로 소멸된다.

1.4. 기존의 낙후된 기술과의 마찰

선진국으로부터 도입된 새로운 기술이 생산비의 하락과 품질의 향상을 가져오면 경제적으로 채산성이 떨어지는 기존의 낙후된 기술을 보유한 기업은 저항을 하게 되고 결국 피해를 입게 된다. 그리고 새로운 기술의 도입은 서서히 진행되기 시작하는 국내의 연구개발(R&D)에 대한 의욕을 약화시킬 가능성도 있다.

1.5. 노동자들의 피해

일반적으로 노동절약적인 새로운 기술이 도입되면 노동에 대한 수요가 감소하므로 노동자들은 이에 저항한다. 그리고 숙련노동자와 비숙련노동자, 독점적 대기업 노동자와 경쟁에 노출된 영세한 중소기업의 노동자 사이에 발생하는 소득과 지위의 격차가 더욱 확대될 가능성이 높다.

1.6. 기술종속

기술종속(technological dependency)이란 한 사회에서 필요한 기술의 공급을 외부 주체에 의존하고 있으며 이를 대체할 과학적 능력과 관리체계, 기술역량과 수준이 내부에 결여되어 있는 상황을 의미한다.[50]

기술종속의 문제는 일반적으로 저개발국의 경제발전정책을 이론적으로 뒷받침했던 근대화론에 대한 비판으로 제기된 종속이론의 형성·발전과 더불어 부각되었으며, 개발도상국 및 신흥공업국의 사회구성과 경제발전 메커니즘을 해명하는 데 핵심적 내용의 하나로 인식되어왔다.

종속이론에 기초한 기술종속론에 따르면 항상 첨단의 기술집약적 산업과 자본집약적 산업을 독점한 선진국이 세계자본주의의 발전에 따라 진부하게 된 산업을 주변에 이양하여 새로운 국제적 분업구조를 형성하고 이를 통해 기술적인 지배-종속 관계를 강화시킨다.

---

50) 스튜어트(F. Stewart)는 기술종속을 ① 어떤 일군(一群)의 기술의 주요원천이 해외에 있을 때 그리고 그 원천이 특정 국가에 집중되어 있거나 한 나라 안에서도 특정한 원천에 편중되어 있을 때, ② 국내 기술자원이 해외기술을 대체할 가능성과 탄력성이 결여되어 있을 때, ③ 이전되어 오는 기술을 국내 혁신과 개발의 기초로 이용하는 능력이 결여되어 있는 상태를 지칭하는 것으로 설명하고 있다.

또한 기술종속의 과정과 효과는 악순환과정으로 설명된다. 먼저 선진국의 기술독점 속에서 기술능력이 취약한 저개발국은 처음부터 기술을 해외에 의존하게 되고, 이러한 도입의존은 국내 연구개발능력의 유효성과 필요성을 떨어뜨리게 된다.

그리고 필요한 기술을 해외에 의존하기 때문에 생산에 투입되는 다른 요소들도 해외에 의존하게 되어 국내기술에 대한 수요가 그만큼 떨어지고 이는 국내 과학기술의 개발을 제약하게 된다. 그리하여 국내의 기술능력은 도입기술을 대체할 수준을 갖추지 못한 채 불필요하고 중요하지 않은 것으로 간주되어 경제의 성장과 발전이 저지된다.

이러한 현상이 심화되면 총체적인 체계를 갖추어야 할 과학·기술·생산이 유기적으로 결합되지 못하고 서로 단절·고립되는 현상이 나타나게 된다. 이 때문에 국내에서 지출되는 연구개발 활동이나 투자는 투자의 성격보다 소비의 성격을 갖게 되며, 다음의 순환과정에서 도입의존을 더욱 심화시킨다. 따라서 기술종속이 기술도입의 과다비용을 초래하고 국내의 기술개발능력을 저해할 뿐 아니라, 이러한 상태를 더욱 심화시키는 악순환 구조를 발전시킴으로써 그 기술을 도입하는 나라의 경제를 더욱 저발전 또는 왜곡된 발전상태로 이끈다는 것이다.

2. 대책

저개발국이 위에서 언급된 기술도입에 따른 문제점들을 해결하면서 경제발전을 이룰 수 있는 대책을 기업 차원과 정부 차원으로 나누어 살펴보기로 한다.

먼저 기업 차원에서 보면, 기업들은 여러 가지 선진 기술 가운데 어느 기술이 자국의 시장이 갖는 특성에 가장 적합하며 또한 그 기술이 정착하기 위한 국내의 제반 여건들이 적당한가를 검토하여 투자에 따른 위험과 불확실성을 최대한 줄이기 위해 노력해야 한다. 그리고 국내의 기업들은 적극적으로 직접투자를 권장해야 한다. 여기에서 유의해야 할 점은 국내 산업이 갖는 기술의 수용능력을 정확하게 파악할 수 있는가의 여부이다.

정부 차원에서 생각해 볼 수 있는 대책은 다음과 같다.

첫째, 기술이란 생산요소는 불가시적이고 시장을 통해 매매되는 것도 아니므로 도입하는 측이 실패하거나 과도한 비용을 부담할 수도 있는데, 이러한 경우 정부에서는 적절한 보호대책을 마련해야 한다.

둘째, 국내의 여건상 가장 적합하다고 인정되는 기술의 선택, 국내개발이 가능한 기술도입의 지양, 중복도입의 사전예방 등을 위해 정부는 기술과 관련된 모든 정보수집기능을 최대한 활용해야 한다.

셋째, 기술을 도입할 때 가장 유리한 조건으로 계약할 수 있도록 정부는 법적·제도적 영향력을 발휘해야 한다.

넷째, 정부는 국내 기업들의 균형 있는 참여를 권장해야 하며, 새로이 도입하는 기술과 연관되는 산업들을 질서 있게 계열화시켜야 한다.

다섯째, 정부는 새로이 도입되는 기술의 빠른 흡수와 확산을 위해 기술인력을 양성해야 하는데, 이를 위해 노동자에 대한 기술교육을 지속적으로 강화해야 한다.

끝으로 정부는 기술종속을 방지하기 위해 선진 기술을 신속하게 흡수·응용하고 새로운 기술을 독자적으로 개발할 수 있도록 최대한 지원해야 한다.

제8장

한국의 경제발전

I. 1960년대 이전의 한국경제

1. 일제강점기 한국자본주의의 전개

한국에서 자본주의가 마련된 계기는 유감스럽게도 일제의 식민지정책이었다. 갑오년의 동학혁명은 자생적인 근대화로 연결되지 못한 채 독점자본주의의 단계에 진입한 일제에 의해 진압되면서 봉건적 전제국가체제도 종식되었다. 일제는 근대적 화폐제도 및 금융제도를 도입하고 철도, 항만 등의 사회간접자본을 비롯해 전력과 같은 기간산업도 확충했다. 그리고 일제는 토지조사사업을 통해 봉건적 토지국유제를 무너뜨리고 근대적 소유개념을 정착시켰다. 이상과 같은 조치의 단행으로 한국은 **식민지적 자본주의**로 진입하게 되었다.

그러나 당시 한국의 식민지 경제는 독립된 국민경제가 아니라 **제국주의 (imperialism)**[51] 경제의 한 영역이며, 식민지적 근대화에 있어서도 그것이 시민혁명과 산업혁명과 같은 자본주의혁명을 거치지 않고 반(半)봉건사회라는 비정상적인 구조 속에서 전개되므로 그 사회를 진정한 자본주의사회라고 할 수 없었다. 이러한 상황 하에서는 근대화가 바로 국민경제의 발전으로 연결될 수가 없는 것이다. 요컨대 식민지 경제는 제국주의에 의한 식민지 수탈체제이며 제국주의의 자본축적과정이라고 할 수 있다.

1.1. 토지조사사업

조선을 강점한 일제는 1910~1918년 식민통치의 기초 작업으로 식민지적 토지소유관계를 공고히 하기 위하여 시행한 대규모의 국토조사사업을 실시했는데 **조선토지조사사업**이라고도 한다.

---

51) 일국의 정치적·경제적 지배권을 다른 민족·국가의 영토로 확대시키려는 국가의 충동이나 정책을 의미한다. 일반적으로는 1870년부터 20세기 초에 걸쳐 나타난 독점자본주의에 대응하는 정치적·경제적 구조를 총칭하는 말로 쓰인다. 대개 이 용어는 침략에 의하여 영토를 확장한다는 점에서 팽창주의 또는 식민주의와 거의 동일한 의미로 사용되어 왔다.

전국에 걸쳐 진행된 이와 같은 거대한 토지조사사업은 자본주의적 토지제도 확립으로 식민통치의 안정을 기하기 위해 행정구역·도로·헌병주재지의 설정, 일본인의 정착에 필요한 토지의 확보, 무지주(無地主)·미신고 토지의 국유화로 통치기구의 재정 및 조세의 원천 확보, 전통적인 양반계층의 지주권을 일제법상의 식민지적 지주계층으로 개편하여 식민사회 기반 구축, 거주를 토지와 결부시켜 한국인의 동정을 살핌으로써 영구적인 식민통치 기반의 구축, 모든 자원과 세금파악을 확실히 하는 수탈경제(收奪經濟)의 기반 마련 등의 다양한 목적을 갖고 있었다.

이 사업의 결과 이제까지 실제로 토지를 소유해왔던 수백만의 농민이 토지에 대한 권리를 잃고 영세소작인 또는 화전민·노동자로 전락하였고, 반면 조선총독부는 전국토의 40%에 해당하는 전답과 임야를 차지하는 대지주가 되었다. 총독부는 이들 토지를 국책회사인 **동양척식주식회사(東洋拓殖株式會社)**를 비롯한 일본 토지회사와 일본의 이민(移民)들에게 무상 또는 저렴하게 불하하여 일본인 대지주가 출현하게 되었다.

1.2. 산미증식계획

산미증식계획은 일제가 일본자본주의의 존립에 필수적인 저임금 유지를 위한 미가정책·식량대책이자 조선을 일본의 식량공급지로 만들기 위해 1920~1934년 실시한 농업정책으로 제1기 계획은 1920년~1925년, 제2기 계획은 1926년~1934년 두 차례에 걸쳐 시행되었다.

제1차 세계대전 중 일본에서는 자본의 급속한 축적으로 말미암아 농민의 대량 이농과 도시 노동자의 급증이라는 사회현상이 나타났다. 이는 일시적으로 식량수급을 크게 악화시켜 일제는 조선에서의 식량증산을 강행하여 식량의 안정된 공급을 확보함으로써 자국의 식량 부족을 해결하려 하였으며, 이러한 방침에 따라 실시된 것이 산미증식계획이었다.

산미증식계획은 조선 쌀의 일본 유출을 증가시켰으며 또한 식민지 지주제를 강화했다. 두 차례에 걸친 산미증식계획으로 증산된 양보다도 더 많은 쌀이 일본으로 반출되었기 때문에 조선 농민은 만성적인 식량부족에 시달렸다.

그리고 토지개량사업의 중심사업인 수리조합이 지주를 중심으로 운영되어 일본인·조선인 대지주들은 혜택을 받을 수 있었던 반면 중소지주·자작농·소작농들은 농업금융에서 배제되어 수리조합비의 부담, 고율의 소작료, 고리대 등에 의해 몰락했다. 일제의 적극적인 지주육성정책에 힘입어 성장한 조선인 지주들은 식민지 지배체제의 담당자로 편입되어 식민지 지배를 위한 사회적 기반의 역할을 수행하게 되었다.

1.3. 식민지공업화정책

일제 식민지 지배 하에서 농업생산 및 광물채굴 등 원시적인 수출산업뿐만 아니라 파행적이기는 하지만 미미한 수준의 공업화도 이루게 된다. 그러나 이것은 일본자본의 식민지 초과이윤의 실현 방법에 있어서 약간의 변화를 반영하는 것일 뿐 식민지 경제구조에 있어서 새로운 발전의 계기를 의미하는 것은 아니다. 약간의 공업화는 초기의 식민지 지배과정에서 대일 수출미(米)와 면화의 가공을 위해 정미, 양조, 견직 등에서 이루어졌다.

그 후 제1차 세계대전을 전후한 시기에는 식민지에 있어서 자본주의의 전개를 위한 자본의 원시적 축적과정의 1차적 완수와 일본 산업자본의 전쟁경기에 의한 축적을 배경으로 면방업, 제철업 등 약간의 근대적 공업화도 나타난다. 특히 한국에서 급격한 공업화가 진행된 것은 세계경제대공황 이후인 1930년대 값싼 노동력과 원자재 그리고 시장의 확보를 위해 일으킨 만주사변·중일전쟁과 그 후의 제2차 세계대전에 이르는 시기이다.

이 시기에 한국은 지정학적 위치와 풍부하고 값싼 노동력과 자연자원의 존재를 배경으로 대륙진출을 위한 병참기지와 일본 독점자본의 자본시장으로서의 역할을 담당하게 된다. 우선 군수산업이 중추가 되어 근대적 화학공업, 발전소, 방직공업이 생겨났으며, 중일전쟁 후에는 막대한 전시 철강수요를 배경으로 제철, 특수강 제련, 인조섬유공업 등도 발달했다.[52]

그러나 이와 같은 부분적인 발전은 그것이 일본 자본주의 발전의 일부분일 뿐이지 한국의 국내시장과 연관을 갖지 않았기 때문에 한국 국민경제의

---

52) 1936년부터 1943년까지 공장의 수는 2.5배, 공업생산액은 1930년부터 1943년까지 7.3배 증가했다.

내연적 공업화나 자립화를 의미하는 것은 아니었다. 양적으로 증가된 공장의 숫자나 생산액은 오로지 종속적 식민지 경제구조의 심화과정에 지나지 않았기 때문에 오히려 민족경제의 축소·소멸을 의미하는 것이었다.53)

2. 해방 이후 자본주의의 구축기

2.1. 해방 직후의 상황

① 남북분단

한국은 제2차 세계대전 이후 북위 38도선을 경계로 미국과 소련 양국에 의한 남북으로의 분할점령을 통해 해방을 맞게 된다. 남과 북으로 분단된 한국은 약 3년간에 걸친 미·소 주둔군에 의한 군사통치를 받게 되어 그 과정에서 남과 북은 독자적 발전의 기회를 갖지 못했다. 그 후 미·소간의 냉전구조가 격화되어감에 따라 남과 북의 관계도 함께 악화되어 한반도는 동서냉전의 최대 각축장으로 변하고 말았다. 결국 해방과 더불어 남한은 미국이 주도하는 서구 자본주의적 발전의 길을 걷게 된 반면, 북한은 소련이 주도하는 동구 사회주의적 발전의 길을 따를 수밖에 없게 되었다. 이것이 현재에 이르기까지 남·북한간의 운명을 판이하게 가르는 결정적인 계기가 되었다.

② 산업생산의 저조

일제 식민지 지배 36년의 과정을 통하여 일본 경제의 일부로 편입된 한국의 경제는 인적·물적 자원의 측면에서 자립할 수 있는 상황이 아니었는데, 특히 남한의 경우 산업생산이 지극히 저조했다.

기술 및 교육수준이 낮아 근대적인 공업시설을 가동할 수 있는 능력과 경험이 없었으며 토지의 생산력도 낮았는데, 설상가상으로 남북분단은 북한의

53) 일본의 우익 세력과 한국의 일부 학자들은 일본의 조선 침략과 식민 지배가 한국의 산업화와 근대화에 기여했다는 **식민지 근대화론(植民地 近代化論)**을 주장하고 있지만 그 타당성을 인정하기 어렵다. 이의 근거는 한일합방 당시 전체 인구의 90%를 차지했던 농업인구의 비중이 일제 종료 당시에도 80%를 차지할 정도로 산업화가 미진했고, 그나마 존재했던 공업시설의 운영주체, 기술자, 소유지분 등이 모두 일본인 중심이었다는 점에서 찾을 수 있다.

공업을 남한의 농업과 단절시켰다. 당시 남한 지역에서는 전력 및 원자재 등을 대부분 북한지역으로부터 공급받고 북한지역은 남한지역으로부터 식량을 공급받았는데, 원자재와 전력공급이 차질을 빚으면서 남한에서는 화학비료생산의 감소와 농업용자재의 부족으로 농업생산마저 급감했다.

이와 같은 상황이 남북분단으로 깨어지면서 북한지역보다 남한지역이 원료공급원의 상실로 인해 상대적으로 산업발전에 더 큰 타격을 입게 되었다.[54]

③ 인구증가와 물가폭등

해방 이후 인구는 약 2.8%에 이르는 자연증가율과 1946년 현재 250만 명에 이르는 해외유입인구로 인해 급격하게 팽창했는데, 이로 인해 실업의 증가, 주택과 식량의 부족을 초래했다.

이러한 급격한 인구증가는 산업생산의 저조와 맞물려 물가의 폭등도 초래했는데, 물가폭등의 직접적인 원인은 조선은행권의 남발과 재정적자의 확대라고 볼 수 있다. 이 시기의 물가상승 추세를 구체적으로 보면 1945년 6월부터 9월까지 물가는 7.5% 이상 상승했으며 그 해 말까지는 16배 정도, 1948년 정부수립시기까지는 무려 67배나 상승했다.

2.2. 농지개혁

한국에서는 1949년 「농지개혁법」에 의해 농지를 농민에게 적절히 분배함으로써 농가경제의 자립과 농업생산력의 증진으로 농민생활의 향상과 국민경제의 균형적인 발전을 기하기 위해 실시되었다.

한국의 경우 해방 전후의 농지소유상태를 보면 전체 농지의 약 65%에 해당되는 농지가 소작의 형태로 경작되고 있었으며 이에 따라 지주와 소작인들 간에 소작료에 대한 분쟁이 지속되어 왔을 뿐만 아니라 과다한 소작료로 인해 농가경제는 피폐한 상태에 처해 있었다. 즉 소작제 하에서는 농민의 생산의욕을 감퇴시키고 더구나 기생지주(寄生地主)의 전통적인 고율의 소작료로

---

54) 분단으로 인한 남북무역의 단절, 남한 전력량의 80%를 담당하던 송전전력의 단전(5 · 14단전), 북한이 공급하던 비료 및 원자재의 단절로 남한 농공업의 생산력은 극도로 위축되어 1948년에는 1940년에 비해 방직공업 35%, 금속공업 45%, 기계공업 24% 등의 수준으로 격감했다.

재투자의 길이 막힌 소작농은 농지개혁의 계기 없이는 빈곤에서 벗어날 길이 없었다.

따라서 소작농에게 농지의 소유권을 주어 자작농 농업 생산의욕을 고취시키고 부족한 식량을 증산하게 하는 한편, 지주의 경제적 수탈과 경제외적 강제를 해소하여 농가경제의 향상을 도모해야 했다. 그리고 농촌 내의 유효수요를 확대하여 공업생산의 발전을 자극할 필요성이 제기되었던 것이다.

농지개혁의 방법은 적산농지와 국유로 소유자가 분명하지 않은 토지는 흡수하고 비농가의 농지, 자경(自耕)하지 않는 자의 농지, 3ha를 초과하는 농지는 국가에서 수매하여 이들 지주에게 해당농지 연간 수확량의 150%로 5년간 연부상환 보상하도록 하는 지가증권을 발급했다. 정부가 수매한 농경지는 직접 경작하는 영세농민에게 3ha를 한도로 분배하되 그 대가를 5년 연부상환으로 해당 토지 수확량의 30%씩을 곡물이나 금전으로 상환하도록 했다.

그러나 농지에 대한 보상을 소작인이 현물로 상환하는 방법을 취함으로써 당시의 물가폭등을 감안할 때, 농민들에게 과도한 부담이 되어 분배받은 농지를 처분하고 다시 소작인이 되는 경우가 많았다. 그리고 농지개혁에 의해 형성된 자작농도 3ha이하로 균등하게 분배되어 농업경영규모가 영세화되었으며, 이렇게 분산된 농업자본은 산업자본으로 전환되지 못해 이후 한국경제의 성장을 위한 집중력을 저하시키는 결과를 초래했다.

2.3. 귀속재산의 처리

귀속재산은 1948년 9월 11일 대한민국 정부와 미국 정부 간에 체결된 「재정 및 재산에 관한 최초협정」 제5조의 규정에 의하여 대한민국 정부에 이양된 8·15광복 이전 일본인 소유였던 재산으로 **적산(敵産)**이라고도 한다.

귀속재산은 1950년 3월부터 민간에게 불하되기 시작했는데, 생산시설을 민간에 불하함으로써 침체된 생산활동을 촉진시키고 부족한 국가의 재정수입을 충당하는 데 목적을 두었다.

귀속재산의 매각대금은 최고 15년간 분납이 가능했고 현금 이외에도 지가보상증권으로도 납부하도록 했으며, 매각대금의 50% 이상을 납부하면 소유권을 이전시켜 주었다.

그러나 귀속재산의 매각대금은 매각이 완료된 1958년까지 전체의 21%만 완납되어 재정수입의 충당에 큰 차질을 가져왔다.

그리고 귀속재산의 불하에 따른 귀속재산의 배정, 불하대금에 대한 은행융자의 시행, 생산에 필요한 원자재의 도입을 위해 외화배정을 통한 수입허가권의 허용 등의 조치는 귀속재산을 불하받은 사업자들에게는 막대한 부를 축적할 수 있는 좋은 기회가 되었기 때문에 이의 배정을 위해 정경유착이 일반화되고 재벌의 토대가 형성되었다.

2.4. 한국전쟁과 전후복구

농지개혁, 귀속재산의 불하 등과 같은 정부의 산업생산 기반의 조성을 위한 노력은 1950년 6월에 발발한 한국전쟁으로 공장시설, 도로, 교량, 항만시설 등이 대부분 파괴되고 경영, 기술, 기능인력 등의 생산조직과 원료공급, 생산, 판매 등과 같은 유통조직도 붕괴됨에 따라 별 다른 성과를 거두지 못하고 산업생산은 극도로 저조한 수준을 나타냈다.[55]

그리고 농업부문뿐만 아니라 공업부문을 포함한 산업부문 전반에 걸쳐 생산활동이 저조하고 전쟁으로 인한 사회적 불안까지 지속되자 물가도 급격하게 상승하기 시작했는데, 이러한 현상은 생산물량의 부족과 사회적 불안에서 오는 매점매석(買占賣惜)과 같은 생산 및 유통부문에서의 문제점에도 원인이 있으나 전쟁수행을 위한 전비조달의 목적으로 통화량을 급격하게 증가시킨 것이 가장 큰 원인이었다.

한편 해방 직후부터 시작된 미국을 중심으로 한 우방의 원조는 전후에도 지속되었는데, 이러한 우방의 원조를 바탕으로 전후복구사업이 시작되면서 산업생산은 다시 증가하기 시작했다. 이 시기의 주력 성장산업으로는 원조물자의 주종을 이루었던 면화, 소맥, 원당 등을 가공하는 세칭 **삼백(三白)산업**을 중심으로 한 가공산업과 군납업체를 들 수 있다.

---

55) 3년 1개월에 걸친 동족상잔의 6 · 25전쟁은 한반도 전체를 폐허화시키면서 경제적 · 사회적 암흑기를 초래했다. 통계에 따르면 60만 명이 전쟁 중에 사망했으며, 전체 참전국의 사망자를 모두 합하면 그 수는 200만 명에 달한다고 한다. 80%의 산업시설 · 공공시설 · 교통시설이 파괴되었고, 정부 건물의 4분의 3과 가옥의 절반이 파괴되거나 손상되었다.

이 시기에는 총 투자액의 거의 대부분이 원조에 의해 충당됨으로써 산업생산의 성장 수준이 원조액의 규모에 따라 변화될 수밖에 없었는데, 원조액의 규모가 감소되기 시작한 1958년 이후에는 산업생산이 다시 위축되기 시작했으며, 특히 미국의 무상원조가 종결된 1960년 이후에는 경제가 다시 극심한 침체상태에 빠지게 되었다.

그리고 전쟁으로 인해 많은 인구가 사망했음에도 불구하고 높은 수준의 인구증가율과 더불어 65만 명 이상의 월남인구로 인해 남한의 인구는 급속하게 증가하여 각종 소비재 수요의 급증, 자본축적의 저해, 주택의 부족, 실업의 증대, 정치적 불안 등의 문제가 야기되었다. 특히 휴전으로 인한 군제대자의 증가, 월남인구의 유입 등에 의한 대규모 유휴인력은 고용흡수력이 낮은 농업부문에서 수용되기 어려웠기 때문에, 이들은 도시지역으로 집중되어 도시인구는 급격히 팽창하게 되어 도시지역은 주택, 의료 및 교육시설의 부족, 교통혼잡, 대량실업 등의 난제를 안게 되었다.

2.5. 경제원조

해방 이후 한국 자본주의의 자본축적에 또 하나의 중요한 계기가 된 것은 미국의 경제적 원조이다. 미국의 원조는 당시 한국의 경제적·사회적 안정에 크게 기여했는데, 이러한 원조는 미국의 경제백서에도 나타난 바와 같이 미국의 국내 경제안정과 대(對) 공산주의 전략이라는 두 가지의 목적을 갖고 있었다. 미국의 원조는 해방 이후 한국전쟁까지 제공되었던 식량·의류·의약품 등과 같은 소비재를 중심으로 한 무상원조 형태의 **구제원조**, 한국동란에 의한 전쟁이재민을 구호하기 위한 유엔군사령부의 원조와 방위비 지원의 목적으로 이루어지게 된 경제원조를 합한 **방위원조** 그리고 1960년대 이후 국제적인 긴장의 완화와 미국의 국제수지 악화로 인하여 종래의 무상증여의 형태로 이루어지던 군사원조나 경제원조가 개발차관의 형태로 전환된 **차관원조** 등의 형태로 제공되었다.

1945년부터 1961년까지의 총 원조액은 31억 3천만 달러로 이의 대부분인 72.9%가 한국전쟁 후인 1953년부터 1961년까지 이루어졌는데, 미국의 원조가 한국경제에서 차지하는 비중은 매우 컸다.

한국경제의 총수입에서 원조수입이 차지하는 비중은 1955년부터 1960년까지 약 70%에 달했고, 일반재정 총세입에서 원조가 차지하는 비중은 1953년부터 1960년까지 약 43%에 이르렀다. 원조의 비중이 이렇게 컸다는 사실은 해방 이후 국내자본축적의 주요한 물적 기초가 미국의 경제원조였음을 의미한다.

결과적으로 미국의 대한 경제원조는 해방 이후의 혼란과 한국전쟁을 통해 생산시설의 대부분이 붕괴된 상태에서 국내생산을 초과하는 소비를 가능케 함으로써 빈곤과 기아의 해소에 기여하고, 자본축적을 위한 재원을 제공함으로써 공업화와 경제재건에 어느 정도 기여했다고 볼 수 있다.

그러나 원조가 미국의 일방적인 주도하에 생산기반의 충분한 확충 없이 소비재 위주로 제공되었고, 이를 기초로 형성된 대자본이 정부의 제반 특혜와 결탁하게 되면서 향후 한국경제의 구조와 성격에 부정적인 영향을 미치기도 했다. 우선 재정에서 차지하는 외국원조의 규모나 비중이 매우 커서 정부의 정책이 원조량에 의존하게 되었으며, 자본축적에 있어서 원료나 시설재의 대외의존성이 매우 커져 경제의 종속성이 심화되었다. 또한 경제원조를 통해 소비재공업 부문의 대자본이 정부와의 유착을 통해 상대적으로 비대해졌고, 이에 따라 동일업종의 중소자본이 대거 몰락하게 되었다. 그밖에도 제3차 산업부문의 비정상적 비대화와 소비재 편향의 산업구조, 농업과 공업간의 불균형적 발전, 도시와 농촌간의 지역적 불균형의 심화 등 경제구조의 왜곡도 가져왔다.

2.6. 평가

해방 이후부터 1950년대까지는 정부주도의 종합적인 경제개발정책은 없었으며, 단지 정부는 경제의 성장을 민간의 자율적인 성장에 일임하는 형태로서 자유방임적 경제정책을 시행했다고 볼 수 있다. 이 시기의 경제적 여건은 경제발전이라는 측면에서 볼 때 산업생산을 위한 기반시설의 부족과 자본의 부족, 기술수준의 낙후성, 정치적·사회적 불안의 지속 등과 같은 어려운 문제들로 인해 종합적인 경제발전을 추진할 수 있는 여건이 조성되지 못했다고 평가할 수 있다.

농지개혁, 귀속재산의 불하, 미국의 대한원조 등은 빈곤의 악순환을 탈피할 수 있는 경제적 기반을 조성하거나 충분한 산업자본을 형성시키기에는 역부족이었다. 식민지시대의 봉건적 기반을 그대로 이어 받은 한국의 자본주의는 봉건적 생산관계의 유지와 외세의 개입, 한국전쟁 등을 거치면서 왜곡과 파행의 길을 걸어왔다.

이 시기의 상황을 종합적으로 평가한다면, 농지개혁의 불완전한 매듭, 귀속재산의 불투명한 처리, 남북분단과 한국전쟁, 낮은 소득수준 등 제반 여건이 매우 열악하여 종합적인 경제발전을 추진할 엄두도 낼 수 없었던 다 같이 못사는 어려운 상태였지만, 1960년 이후의 경제성장을 감안한다면 자유시장경제의 토대 마련, 높은 교육열 등 긍정적인 측면도 보여주었다고 할 수 있다.

<표 3> 1960년대 이전의 경제지표

	경제성장률	인구증가율	1인당 GNP	수출
1954년	5.5%	2.88%	70달러	2,400만 달러
1961년	4.8%	3.25%	83달러	4,100만 달러

출처: 한국개발연구원(1995), 「정책자료집-한국경제 반세기」에서 재구성.

II. 1960년대의 한국경제

1. 경제적 여건과 개발전략의 선택

1.1. 경제적 여건

1960년대의 한국경제는 우리나라 사회경제의 획기적인 전환기였다. 즉 이 시기는 한국전쟁과 전후 복구기를 거치면서 농업의 희생과 대외의존적인 경제구조를 바탕으로 경제개발이 본격적으로 추진된 시기였다.

한국전쟁으로 생산시설의 대부분이 파괴되고 생필품의 부족과 함께 이는 다시 높은 수준의 물가상승을 유발시켰으며, 산업구조의 측면에서는 전후복구사업을 위한 원조물자의 공급으로 일부 산업의 생산은 활기를 띠고 있었지만 전반적으로는 여전히 생산성이 낮고 영세한 농업위주의 낙후된 모습을 나타내고 있었다.

남북분단과 한국전쟁으로 국제무역의 통로가 거의 닫히게 됨에 따라 국제수지의 적자는 지속되어 원자재와 생산설비를 조달할 외환도 크게 부족했다. 이와 같이 부족한 외화의 일부를 소량의 농산물과 광산물의 수출로 확보할 수는 있었으나 대부분의 외화는 외국의 원조에 의존했다.

한편 재정적 한계에 봉착한 미국은 한국에 대하여 조세와 민간투자의 증대를 통해 외국원조에 대한 수요를 감소시키도록 촉구하고 실제 원조액도 감축시켰다.

이상과 같이 한국경제는 원조에 의존하는 경제구조에서 시급히 벗어나 자립경제의 기반을 마련해야 한다는 강력한 경제적 자립의 동기를 갖게 되었고, 이에 따라 한국경제의 구조적 후진성을 극복하고 국민경제의 자립적인 성장을 위한 산업기반의 구축을 목표로 한 정부주도의[56] 종합적인 경제개발계획이 수립·추진되었다.

1.2. 개발전략의 선택

① 세계시장 중심 전략

1961년 당시 한국의 1인당 국민소득은 83달러 수준이었으며, 산업구조의 측면에서도 농림수산업이 GNP의 40.2%를 차지했고 전반적으로 산업의 생산성도 낮고 개발할 자연자원도 부재했다.

이러한 여건을 감안하여 우리가 보유한 양질의 노동력을 토대로 새로운 기술을 신속히 습득해 생산성을 향상시키는 동시에 구매력이 무한한 세계시장에서 우리에게 비교우위가 있는 분야를 집중적으로 개척하도록 함으로써 국민소득 수준을 향상시킬 수 있을 것으로 판단되어 경제개발정책은 대외지향적 수출 위주의 전략이 채택되었다.

---

56) 특히 한국의 경우 경제개발을 추진함에 있어서 대다수의 다른 국가들보다 정부가 더욱 강력한 역할을 맡았다는 점에서 특색이 있다. 1961년 군사쿠데타 이후에 군사정부는 우리나라가 경제발전을 시급히 필요로 한다는 사실과 경제발전으로 쿠데타를 정당화시킬 수 있다는 점을 인지했던 것이다. 따라서 군사정권은 강력한 중앙집권적인 정부를 만들어 경제개발계획을 실행하는 데에 최대 역점을 두었다.

② 농업과 공업

농업부문에의 투자는 일반적으로 경공업부문에 비해 투자의 회임기간이 길고 많은 투자액이 소요되므로 개발자원이 부족했던 당시의 여건 하에서는 이 부문의 개발에 중점을 둘 경우 경제성장에 보다 많은 시간과 투자재원이 소요되고 경제성장의 속도도 상대적으로 저하되는 결과를 초래할 것으로 예상되었다. 또한 농업부문의 개발은 공업부문에 비하여 고용흡수력이 낮으며 성장이 지속됨에 따라 노동력을 배출하는 경향이 있어 실업문제를 초래할 가능성이 있었다.

따라서 예상되는 개발효과와 당시의 경제적 여건을 감안할 때 고용흡수를 극대화하면서 비교적 기술습득이 용이하며 투자재원이 적게 소요되는 공업부문을 선택할 수밖에 없었는데, 공업부문 중에서도 노동집약적인 경공업부문에 해당되는 섬유, 합판, 신발류 등을 집중육성산업으로 선정했다.

③ 자본동원

낮은 수준의 국내 저축률로 인한 투자재원이 부족한 상태에서 선택한 방법은 기본적으로는 내자동원을 극대화하면서 부족한 부분은 외자를 도입하는 방향으로 정책을 설정했지만, 낮은 국민소득수준으로 인하여 고금리정책(정기예금금리 30%)에도 불구하고 국내저축의 규모가 절대적으로 부족해 개발초기의 자금수요를 충족시키기에는 매우 부족해 외국 또는 국제기구의 차관에 의존하는 방법밖에 없었다.

④ 균형성장과 불균형성장

이 시기의 경제적 여건을 감안할 때 빈약한 수준의 투자재원으로 인해 균형발전을 시도하기는 곤란하여 우선 공업부문, 그 중에서도 신발, 합판, 가발, 식품가공업, 섬유, 목재 등의 경공업을 전략산업으로 선정하여 이에 대한 집중적인 투자를 통해 산업전체를 발전시키는 전략을 채택했다.

따라서 1960년대의 경제개발전략은 수출위주의 경공업을 중심으로 한 불균형성장정책을 채택했고 이러한 개발전략은 그 시기의 경제적 여건인 높은 실업률과 낮은 기술수준, 빈약한 투자재원 등을 고려해 볼 때 가장 적절한 선택이었다고 판단된다.

2. 제1차 경제개발 5개년계획(1962～1966)

2.1. 배경 및 취지

휴전 이후 한국전쟁의 피해가 일부 복구되어 1957년까지는 경제가 2차 산업을 중심으로 연평균 4.7% 정도의 수준으로 지속적으로 성장하면서 안정적인 위치에 도달했다.

그러나 당시 정치정세의 변동과 성장과정에서의 내재적 불균형의 문제가 도출됨으로써 1957년 이후 경제성장률이 하락하고 인플레이션도 만연함으로써 경제발전에 장애로 작용했다. 정부는 이와 같은 상황을 극복하기 위해 종합적이고도 체계적인 장기 경제발전계획을 수립하게 되었다.

2.2. 기본목표

제1차 경제개발 5개년계획은 다음과 같은 기본목표를 설정했다.

첫째, 모든 사회경제적인 악순환의 시정과 자립경제의 달성을 위한 기반을 구축한다.

둘째, 민간인의 자유와 창의를 존중하는 자유기업의 원칙을 토대로 하되, 기간산업 부문과 그 밖의 중요 부문에 대해서는 정부가 직접적으로 관여하거나 또는 간접적으로 유도정책을 쓰는 '지도받는 자본주의체제'를 견지한다.

셋째, 정부가 직접적인 정책수단을 보유하는 공공부문에 중심을 두고 민간부문에 미치는 파급효과와 민간부문의 자발적인 활동을 자극한다.

2.3. 주요 정책

- 전력, 석탄 등 에너지공급원의 확보
- 농업생산력의 증대에 의한 농가소득의 향상과 국민경제의 구조적 불균형 시정
- 기간산업의 확충과 사회간접자본의 충족
- 유휴자원의 활용, 특히 고용의 증가와 국토의 보전 및 개발
- 수출증대를 주축으로 하는 국제수지의 개선
- 기술의 진흥

2.4. 성과와 문제점

제1차 경제개발 5개년계획은 <표 4>에서 보는 바와 같이 계획목표를 대체로 달성하는 성과를 거두었다. 계획기간 동안 연평균 경제성장률은 8.5%에 이르렀는데 이는 당초의 목표치를 상회하는 것이었다. 산업구조와 공업구조에서도 당초의 계획에 상당 수준 근접했으며, 수출과 수입에서도 계획치를 상회하는 실적을 나타냈다.

<표 4> 제1차 경제개발 5개년계획의 주요 성과

(단위: %, 백만 달러)

	1966년		1961~66년 평균	
	계획	실적	계획	실적
경제성장률	8.3	11.9	7.1	8.5
인구증가율	2.74	2.50	2.81	2.75
투자율	22.7	18.2	22.6	15.1
산업구조				
농림수산업	34.0	31.7	35.3	33.0
광공업	27.2	25.7	23.5	23.5
사회간접·서비스업	38.8	42.6	41.2	43.5
경상수지	-246.6	-250.6	-	-
수출	137.5	253.7	-	-
수입	492.3	673.2	-	-

출처: 한국개발연구원(1995), 「정책자료집-한국경제 반세기」에서 재구성.

그러나 제1차 경제개발 5개년계획은 고도성장의 달성에도 불구하고 다음과 같은 문제점을 남겼다.

첫째, 농업개발에도 많은 노력을 기울였음에도 불구하고 식량자급을 달성하는 데 실패했으며, 농업의 생산성도 여전히 낮은 상태에 머물러 있었다. 이는 공업화의 추진을 위해 취한 저곡가 정책의 결과였다.

둘째, 투자재원 조달체제의 미흡함이 확연하게 드러났다. 경제개발의 초기에 필요한 막대한 투자재원을 조달하기 위해서는 유휴 민간자본을 생산부문으로 전환할 수 있는 장치가 마련되어야 하지만, 이의 부재로 인해 재정투융자와 외자도입에 의존하는 재원조달 방법을 선택했다. 이 결과로 나타난 물가폭등은 민간의 유휴자본을 부동산투기로 흘러 들어가게 했고 외자도입에의 의존은 외채상환의 부담을 가중시켰다.

셋째, 경제개발을 위한 저임금정책과 인플레이션의 용인은 소득분배의 불균형을 심화시켰다. 1960년을 기준으로 하여 1965년에는 광업 및 제조업 노동자의 실질임금지수는 96.3% 및 88.6%로 오히려 3.7%와 11.4% 하락했다.

3. 제2차 경제개발 5개년계획(1967～1971)

3.1. 배경 및 취지

제1차 경제개발 5개년계획 이후 모든 부문에서 지속적이며 급속한 경제의 성장과 확장을 추진할 필요가 있었다. 특히 산업생산과 수출 부문에서 두드러진 발전과 장기적 성장을 위한 사회간접자본의 확충을 통하여 괄목할 만한 경제발전을 이루고자 했다.

그리고 경제규모의 확대에 따른 투자재의 부족을 해결하기 위해 국내저축과 수출부문에 대한 진흥책이 요구되고 경제발전의 과정에서 발생한 경제의 이중구조의 해소와 지속적인 경제발전을 위한 산업구조의 근대화도 촉진하고자 했다.

3.2. 기본목표

제2차 경제개발 5개년계획은 산업구조를 근대화하고 자립경제의 확립을 더욱 촉진하며, 시장경제의 원리에 충실하는 것을 기본목표로 설정했다.

3.3. 주요 정책

· 식량을 자급하고 산림녹화와 수산개발에 주력
· 화학, 철강 및 기계공업을 건설하여 공업고도화의 기틀을 잡는 한편 공업생산도 증대

- 7억 달러의 수출을 달성하고 수입대체를 촉진하여 획기적인 국제수지개선의 기반을 굳힘
- 고용을 증대하는 한편 가족계획의 추진으로 인구팽창을 억제
- 국민소득을 획기적으로 증대시키며, 특히 영농을 다각화하여 농가소득의 향상에 주력
- 과학 및 경영기술을 진흥하고 인적자원을 배양하여 기술수준과 생산성을 제고

2.4. 성과와 문제점

<표 5>에서 보는 바와 같이 한국경제는 제2차 경제개발 5개년계획을 통하여 많은 부문에서 지속적인 발전을 이루었다. 특히 양적 지표에서는 상당한 경제규모의 확대를 실현했으며, 제1차 경제개발 5개년계획에 이어 고도성장을 이어감으로써 성장의 동력을 확인하게 되었다. 수출은 연평균 38%나 증가하여 1971년에는 10억 달러를 초과하는 성과를 거두었다.

<표 5> 제2차 경제개발 5개년계획의 주요 성과

(단위: %, 백만 달러)

	1971년		1967~71년 평균	
	계획	실적	계획	실적
경제성장률	7.0	9.4	7.0	9.7
인구증가율	2.00	1.99	2.20	2.24
투자율	19.9	28.1	19.0	26.4
산업구조				
농림수산업	34.0	28.8	-	-
광공업	26.8	20.9	-	-
사회간접・서비스업	39.2	50.3	-	-
경상수지	-95.8	-847.5	-	-
수출	550	1,132	-	-
수입	894	2,178	-	-

출처: 한국개발연구원(1995), 「정책자료집-한국경제 반세기」에서 재구성.

수출상품 가운데 공산품의 비율은 1971년 87.7%에 달하여 공업화가 수출신장을 뒷받침하는 구조도 갖추게 되었다. 물가의 경우도 제1차 계획 기간 중의 도매물가상승률 연평균 16.7%에 비해 제2차 계획 기간 중에는 연평균 7.8%에 그쳐 경제의 불안정도 크게 개선되었다.

이러한 양적 측면의 발전에도 불구하고 질적 측면에서는 다음과 같은 문제점들이 드러났다.

첫째, 대외의존성의 강화인데, 제2차 계획 기간 중의 투자재원조달의 40% 이상을 외채에 의존하고 있었다는 사실이 이를 입증하고 있다. 그리고 수입대체적인 공업화의 과정이 충분하게 성숙되지 않은 상태에서 바로 수출지향적 공업화과정으로 이행함으로써 경제구조의 대외의존성도 심화시켰다.

둘째, 농업생산은 여전히 정체상태에서 벗어나지 못했다. 농업에 대한 투자재원의 배분이 계획치 16.3%의 절반에 그친 결과 식량자급률은 오히려 떨어지는 경향을 보였다. 이와 같은 농업의 상대적 낙후성은 지속적인 성장을 달성하기 위한 재생산구조를 확립하는 데 큰 장애가 되었다.

셋째, 계획 기간 중 차관기업의 경영부실화가 속출했다. 이들 차관기업들은 고도성장정책에 의해 성장 주도기업으로 선정되어 정부로부터 각종 특혜를 받았는데, 무계획적이며 방만한 외자의 사용으로 도산하는 기업이 속출하여 1960년대 말 이후 경제위기를 초래하는 원인이 되었다. 이러한 기업의 비도덕적 행태는 이후 정경유착을 통해 한국경제에 깊이 뿌리를 내리면서 각종 해악을 만들어 내는 근원이 되었다.

4. 평가

1960년대는 전반적으로 볼 때 고도의 경제성장을 구가하던 시기에 해당된다고 할 수 있으나, 그 동안 취약한 생산기반을 바탕으로 하여 급속한 경제발전을 추구함으로써 경제내부의 불안정 요인도 나타나게 되었던 시기라고 볼 수 있다.

우선 경제의 지속적인 고도성장으로 국민소득 수준은 향상되고 실업률은 급속히 감소했으며, 산업생산과 국제무역은 크게 확대되는 등 경제규모의 확대와 구조적인 부분에서의 개선 등과 같은 긍정적인 측면이 크게 부각되었던 시기였다고 평가할 수 있다.

그러나 그 동안 지속된 고도성장의 부작용으로 자원의 비효율적 배분, 농업과 공업 간의 성장격차에 따른 경제구조의 불균형 심화, 도시와 농촌 간의 소득격차의 확대, 이농현상의 가속화, 수입의 증대와 이로 인한 국제수지적자의 확대, 임금의 상승에 따른 국제경쟁력의 약화, 초과수요에 의한 인플레이션 요인의 가중, 기업의 과다한 금융차입에 따른 기업재무구조의 부실화, 부실기업의 증대, 독과점기업의 증가 등 경제안정을 저해하는 여러 요인들이 노출되는 부정적인 측면도 나타났다.

그 중에서도 특히 물가의 불안은 성장위주의 경제정책에 기인한 것으로서 경제성장을 위한 재정규모의 확대, 금융자금의 방만한 운용과 차관도입의 확대에 따른 유동성의 팽창 그리고 건축 및 설비투자의 붐에 의해 주도된 투기의 과열현상 등을 바탕으로 한 초과수요가 그 주된 원인이라고 할 수 있는데, 이러한 물가의 상승은 향후 한국경제의 성장과 더불어 지속되는 고질적인 질병과 같은 형태로 진행되었으며, 그 중에서도 대표적인 것이 부동산투기라고 할 수 있다.

III. 1970년대의 한국경제

1. 경제적 여건과 개발전략의 선택

1.1. 경제적 여건

1960년대의 고도성장은 한국 국민의 강렬한 경제발전에 대한 성취동기와 세계경제가 우리의 경제개발에 우호적이라는 대외적 여건이 작용한 결과였다. 즉 1960년대의 세계경제는 한국전쟁 이후의 대호황이 1960년대까지 지속되어 미국 주도의 IMF-GATT 체제가 지향하는 자유무역기조가 지속되었고 무역량도 급증했으며, 외자도입도 비교적 원활했던 것이다.

그러나 1960년대의 안정적인 모습과는 달리 1970년대의 세계경제는 구조적 위기를 나타냈다.

우선 미국은 경제규모의 지속적 확대로 1960년대 말부터 물가와 임금이 급상승함에 따라 전반적인 재정·금융 긴축정책을 시행했으며, 국제수지의 악화와 이자율 하락으로 달러의 가치도 저하되는 등 경제적 위상이 급격히 추락한 반면, EC와 일본은 경제적으로 급부상하고 있었다. 그러나1973년 10월 중동전쟁과 함께 아랍민족주의의 대두로 제1차 석유파동이 발생함에 따라 1950년대부터 지속된 세계경제의 장기호황은 종식되었다.

이러한 상황 하에서 미국, EC, 일본 등은 앞 다투어 신보호주의로 대외정책을 전환하고 국제수지를 방어하기 위해 수입규제를 강화하기 시작했다. 특히 저개발국의 노동집약적 경공업제품에 대한 수입규제가 강화되었다. 그리고 각국이 원자재 수입가격의 급등으로 외환부족에 직면하자 국제금융시장의 금리도 크게 상승했다. 그 결과 수출과 외자주도의 경제개발 기조를 채택했던 한국은 막대한 타격을 입게 되었다.

1.2. 개발전략의 선택

이러한 여건 하에서 1970년대의 한국경제는 다음과 같이 지금까지의 개발전략에 대한 전환이 필요하게 되었다.

첫째, 공업화 전략에 의한 정책의 결과 공업부문의 성장은 이룰 수 있었으나 농업부문은 상대적으로 낙후되었고, 경공업의 개발에 중점을 둔 결과 공업구조 자체도 취약해져 균형적인 산업개발의 필요성과 중화학공업의 육성을 통한 산업구조의 고도화가 과제로 등장했다.

둘째, 저임금에 의한 노동집약적인 산업에 기반을 둔 수출위주의 정책이 임금상승과 기술부족으로 점차 한계를 나타내기 시작하였으므로 실업노동력을 지속적으로 흡수하면서 고도의 기술집약적이고 부가가치가 높은 상품의 생산체제를 구축할 필요성도 대두되었다.

셋째, 한국경제가 자력에 의하여 지속적으로 발전할 수 있는 자립경제기반을 구축할 필요가 있었다. 경제가 자력에 의해 지속적으로 발전하기 위해서는 소득수준의 향상을 통해 투자재원을 자력으로 조달할 수 있어야 하며 국제수지의 측면에서도 구조적인 개선이 이루어져야 했다.

따라서 1970년대의 개발전략은 고부가가치를 위한 산업구조의 고도화와 산업간 균형개발을 위한 농업부문의 발전으로[57] 요약될 수 있다.

2. 제3차 경제개발 5개년계획(1972~1976)

2.1. 배경 및 취지

제 1, 2차 경제개발 5개년계획을 통하여 공업화, 전력 · 도로 등 사회간접자본의 확충, 농업개발을 위한 기반의 조성, 수출증대를 통한 경제의 자립 등이 추진되었다. 그러나 경제의 급속한 성장과정에서 불가피하게 파생된 농업의 정체로 인한 이중구조, 대외의존도의 심화, 외채부담의 증가, 경제부분 간의 불균형 심화 등의 문제를 안게 되었다. 그리고 1970년대에 들어오면서 자원 내셔널리즘의 대두, IMF 및 GATT 체제의 동요, 선진국들의 보호무역주의, 세계적인 인플레이션의 지속 등 세계 경제환경도 우리에게 불리하게 전개되었다. 이와 같은 문제들을 해결하면서 번영의 1970년대를 실현하기 위한 새로운 차원의 발전단계를 이루기 위해 '성장 · 안정 · 균형의 조화'의 이념 하에서 제3차 경제개발 5개년계획이 마련되었다. 1972년부터 추진된 제3차 경제개발 5개년계획은 지속적인 고도성장을 추구하면서도 경제적 안정과 지역개발의 균형을 도모했다고 할 수 있다.

---

57) 농업부문의 개발을 목적으로 시행된 **새마을운동**의 연혁과 추진내용을 보면, 새마을운동은 1970년대 초기에 시작되었으며 근면, 자조, 협동을 그 행동지침으로 하고, 국민의 의식구조를 미래지향적이고 발전지향적인 형태로 전환시킴으로써 농업발전을 이룩하고 농촌의 근대화를 달성하고자 하는 것이었다. 새마을운동은 1970년대 초반 농촌의 환경개선사업을 시작으로 하여 이 후 농업부문의 생산성 향상을 위한 생산의 협동화 · 과학화운동으로 전개되었다. 이러한 운동의 전개방향은 농업생산의 기반조성을 통한 농가소득의 증대에 커다란 공헌을 했고, 이는 다시 도시 · 공장 · 학교 등으로 확산되어 국민전체의 근대화운동으로 전개되었다. 새마을운동의 성공적인 수행으로 인한 농업의 성장은 농가소득의 수준을 도시의 가계소득과 유사한 수준으로 끌어 올렸다. 농업의 생산형태도 기존의 미맥중심의 자급을 위한 것이 아니라, 환금작물과 축산을 중심으로 해서 상품화 비율을 높일 수 있는 판매를 위한 생산형태로 전환되었다.

2.2. 기본목표

제3차 경제개발 5개년계획은 다음과 같은 기본목표를 설정했다.

첫째, '성장·안정·균형의 조화'를 추구하여 안정된 기반 위에서 성장을 이룩하고, 동시에 개발성과가 농어민과 저소득층 등 전체 국민에게 널리 확산되어 국민의 복지를 향상시킨다.

둘째, 산업구조의 고도화와 국제수지의 개선 및 주곡의 자급을 실현함으로써 '자립적 경제국'을 실현한다.

셋째, 국토의 종합적인 개발을 보다 촉진하여 '지역개발의 균형'을 실현한다.

2.3. 주요 정책

· 식량을 증산하여 주곡을 자급하고 농어민소득을 적극적으로 증대시키는 동시에 경지정리 및 기계화 등을 촉진
· 농어촌 보건 및 문화시설을 충실화하고 농어촌 전화 및 농어촌 도로망의 확충
· 무역수출을 목표연도에 35억 달러 달성하는 등 국제수지의 개선
· 중화학공업을 건설하여 공업의 고도화
· 과학기술의 급속한 향상과 교육시설의 확충으로 인력을 개발하여 고용을 최대한으로 증대
· 전력, 교통, 보관, 하역, 통신 등 사회기반시설의 균형 있는 발전을 기함
· 4대 강 유역개발을 비롯한 국토자원의 효율적인 개발과 수출공업단지 등 개발단지의 조성으로 지역개발을 촉진하고 공업과 인구를 적정하게 분산
· 주택과 위생시설 및 사회보장을 확충하고 근로환경을 개선함으로써 국민의 복지와 생활향상을 기함.

2.4. 성과와 문제점

제3차 경제개발 5개년계획은 계획목표를 초과 달성하는 성과를 거두었다. 국제통화체제의 동요, 석유파동으로 인한 세계적 불황에도 불구하고 높은 투자율과 수출의 증대에 의해 연평균 10.1%의 경제성장률을 나타냈다.

특히 광공업은 연평균 20% 이상의 성장률을 기록했으며, 사회간접자본 부문에 있어서도 발전소의 건설, 전화사업, 철도와 고속도로의 건설 등이 활발하게 추진되었다(<표 6>참조).

<표 6> 제3차 경제개발 5개년계획의 주요 성과

(단위: %, 백만 달러)

	1976년		1972~76년 평균	
	계획	실적	계획	실적
경제성장률	8.5	15.1	8.6	10.1
인구증가율	1.5	1.6	1.5	1.7
투자율	24.9	27.6	24.9	27.8
산업구조				
농림수산업	22.4	24.0	-	-
광공업	27.9	29.5	-	-
사회간접 · 서비스업	49.7	46.5	-	-
경상수지	-359	-314	-	-
수출	3,510	7,815	-	-
수입	3,993	8,405	-	-

출처: 한국개발연구원(1995), 「정책자료집-한국경제 반세기」에서 재구성.

이러한 성과에도 불구하고 제3차 경제개발 5개년계획은 이전부터 누적되어 온 문제점들을 오히려 심화시키는 결과를 가져왔는데, 그 구체적 내용을 보면 다음과 같다.

첫째, 대외지향적인 고도성장의 추구로 인해 시장의 해외의존도 심화가 초래되었는데, 이는 국제수지의 만성적 적자와 같은 한국경제의 구조적 불안정을 더욱 심화시켰다.

둘째, 내수산업과 수출산업, 농업과 공업 그리고 중소기업과 대기업 등 경제의 각 부문 간의 불균형이 더욱 확대되었다. 특히 수출지향적 공업화의 추진과정에서 이루어진 대기업에 대한 정부의 집중지원은 상대적으로 중소기업의 성장을 저해하는 결과를 가져왔다.

중화학공업의 구성비는 1970년의 35.9%에서 1976년에는 41.1%로 상승하여 공업구조의 고도화는 이루어졌으나, 당시의 중공업은 기초소재 및 기계공업이 아니라 대부분 최종생산재 부문에 집중되어 전후방 연관효과가 충분하지 못했다.

셋째, 석유파동으로 인한 경제불황에도 불구하고 한국은 지속적인 성장정책을 추구한 결과 국제수지는 더욱 악화되었으며, 극심한 인플레이션도 감수해야 했다.

3. 제4차 경제개발 5개년계획(1977～1981)

3.1. 배경 및 취지

세 차례에 걸친 경제개발 5개년계획을 통하여 공업화와 고도성장을 이룩했으나 자본, 자원 및 시장의 해외의존, 경제의 이중구조, 공업구조의 취약성, 국제수지의 만성적 악화, 인플레이션 등의 문제점들을 노출시키면서 형평성과 질적 성장이라는 측면에서는 미흡한 점이 많았다. 이러한 문제를 구조개선을 통해 해결하려는 정책기조로 전환하여 '성장 · 형평 · 능률'을 기본이념으로 하여 제4차 경제개발 5개년계획을 수립하게 되었다.

3.2. 기본목표

제4차 경제개발 5개년계획은 투자재원의 자력 조달, 국제수지균형의 달성, 산업구조의 개편과 고도화, 새마을사업의 확대, 과학기술투자의 확대 그리고 경제운용과 제도의 개선에 중점을 두고자 했는데, 이는 대외의존성을 줄이고 기술향상으로 능률을 높이는 한편 경제운용과 제도의 개선을 통하여 형평을 도모하고자 한 것이다.

2.3. 주요 정책

· 고용증대와 소득분배 및 생활환경의 개선
· 노동력 수급과 직결되는 교육제도의 발전 및 교육의 질적 개선

- 종합적인 국민보건계획의 수립·운용 및 저렴한 의료제도의 개발·확충
- 기업공개의 촉진, 주식 소유의 대중화 그리고 기업의 사회적 책임 제고
- 최저임금제의 단계적 실시와 노동조건의 개선을 통한 노동자의 재산형성 촉진

3.4. 성과와 문제점

계획기간 후반에 발생한 제2차 석유파동, 세계경제의 침체로 인한 국제무역의 둔화, 국내의 정치적·사회적 불안정 등으로 제4차 경제개발 5개년계획은 가장 저조한 성과를 거두었다(<표 7> 참조).

<표 7> 제4차 경제개발 5개년계획의 주요 성과

(단위: %, 백만 달러)

	1981년		1977~81년 평균	
	계획	실적	계획	실적
경제성장률	9.0	6.4	9.2	5.5
인구증가율	1.60	1.57	1.59	1.55
투자율	26.0	33.2	26.2	35.5
산업구조				
농림수산업	18.5	19.6	-	-
광공업	40.9	31.3	-	-
사회간접·서비스업	40.6	49.1	-	-
경상수지	1,172	-4,436	-	-
수출	20,242	20,881	-	-
수입	18,872	24,299	-	-

출처: 한국개발연구원(1995), 「정책자료집-한국경제 반세기」에서 재구성.

경상수지면에서도 1981년 11억 7천만 달러의 흑자를 계획했으나 오히려 44억 달러가 넘는 적자를 기록했다. 이러한 경상수지 적자의 확대는 원유가격 상승을 비롯한 세계적 자원파동과 인플레이션의 심화와 같은 해외 요인도 작용했지만 보다 근본적인 것은 과도한 중화학공업의 투자에서 비롯된

해외자본에 대한 막대한 수요, 인플레이션 및 경공업 기술의 부진에 따른 수출경쟁력의 약화, 농업의 상대적 침체 등 국내 요인 때문이었다. 이와 같은 구조적인 불균형으로 인해 외자도입도 계획을 크게 상회하여 1981년 말 중장기 대외채무는 287억 달러에 이르렀다.

한편 정부는 중화학공업의 발전을 위해 중점육성산업분야에 참여하는 민간기업에 다양한 특혜를 주는 방식으로 민간부문의 참여를 유도했는데, 중화학공업은 투자비용이 많이 소요되는 산업이기에 막대한 정책자금이 필요했다. 정부의 정책금융이 이와 같은 막대한 자금수요를 충족시킬 수 없게 되자 투자대상 기업을 한정해 참여시켜 기업 간의 성장격차는 확대되었고 시장의 독과점화도 심화되었다. 그리고 이 시기에도 급격한 물가의 상승과 부동산투기, 부실기업의 양산, 해외차입의 증대, 기업의 과도한 은행차입 등과 같은 부정적인 측면이 크게 나타났다.

결국 제4차 경제개발 5개년계획도 그 기본성격은 이전의 3차례 계획들과 마찬가지로 대외지향적 공업화정책과 고도성장을 추구하고 있었기 때문에, 한정된 투자재원으로 국민경제의 질적인 향상을 통한 자립체제의 확립과 사회개발을 기대하는 것은 사실상 불가능했다고 볼 수 있다.

4. 평가

1970년대는 중반기에 일시적으로 경제상태가 호전된 것을 제외하고는 국내외적으로 경제여건이 악화되어 경기의 침체가 계속되었다고 볼 수 있다. 이와 같은 국내외적인 경제환경의 변화에 한국경제가 잘 대응하지 못한 것은 한국경제가 고도성장과정에서 구조적인 문제점을 안고 있었다는 것을 의미한다.

1970년대는 그 어느 기간보다 경제적 호황과 불황을 극심하게 경험한 기복이 심했던 시기였다. 특히 1977년과 1978년의 과열된 호경기와 1980년의 **석유파동(oil shock)**[58] 및 미곡의 흉작으로 인한 극심한 불황과 10·26사태

58) 1973～1974년, 1978～1980년의 두 차례에 걸친 국제석유가격의 급상승과 그 결과로 나타난 석유소비국들을 중심으로 한 세계의 경제적 위기와 혼란을 총칭하는 말로 유류파동 또는 오일쇼크라고도 한다. 석유가격의 인상폭은 1차 파동 때에는 약 5배, 2차 파동 때에는 약 2.4배에 이르렀다. 석유는 제2차 세계대전 이후 가장 중

이후 일련의 정치적 · 사회적 혼란은 우리 경제의 안정과 수출에 엄청난 타격을 가했다. 또한 중화학공업에 대한 과잉중복투자로 투자조정이라는 진통을 경험함으로써 당초의 계획과 전망은 큰 차질을 빚었다.

따라서 자력성장기반을 조성하려는 경제개발계획과 당시까지 추진해 왔던 경제개발전략을 재고하게 되었고 경제운용방식의 전환을 모색하고 반성하게 된 계기가 되었다고 평가할 수 있다.

IV. 1980년대의 한국경제

1. 경제적 여건과 개발전략의 선택

1.1. 경제적 여건

1980년대에 들어서면서 대내외적인 경제적 여건은 지난 1960년대와 1970년대와는 달리 우리 경제가 대처하기 어려울 정도로 변화되었다. 1960년대 후반의 고속성장에 따른 부작용으로 물가상승, 경상수지 적자의 확대와 외채의 증가 등의 어려움이 가중되는 가운데 기업의 수익성은 악화되고 재무구조의 취약성이 심화됨으로써 기업부실이 증대되고 투자가 위축되는 등의 문제가 1970년대 들어 가시화 되었다. 그리고 1979년과 1980년에는 제2차 유류파동에 따른 전 세계적인 스태그플레이션 현상, 정치적 불안, 주요 농산물의 흉작 그리고 국제금리의 상승 등을 배경으로 생산이 감소하고 외채를 적기에 상환하지 못할 정도로 심각한 경제적 어려움에 직면하게 되었다.

선후진국을 막론하고 모든 나라들이 경제적 시련에 직면할 경우 지금까지의 전통적인 정치적 이념이나 전통적인 우호관계보다는 당사자의 이해관계에

요한 에너지가 되었으나 희소성과 지역적 편재로 인해 강력한 국제석유자본(major)과 석유수출국기구(OPEC)와 같은 생산자카르텔이 형성되었다. 이런 조건에서 세계의 석유생산과 수출의 핵심지역인 중동에서의 정치적 분쟁을 매개로 두 번에 걸쳐 석유가격의 급등이 일어나게 되었다. 세계경제는 석유파동의 영향으로 생산비용이 상승하여 인플레이션이 가속화되었고, 이와 더불어 교역조건도 크게 악화되면서 경기침체가 동시적으로 진행되는 **스태그플레이션(stagflation)** 현상이 나타나기 시작했다.

따라 모든 문제를 해결하려는 경향이 점차 증대하는 양상을 나타내었다. 미국을 비롯한 선진국들도 국제문제보다 국내문제의 해결을 우선시하려는 경향을 보이면서 보호무역주의도 강화했다.

이러한 대외적인 여건의 변화와 함께 대내적으로도 지금까지 진행되어 온 산업간, 지역간, 계층간의 불균형의 정도를 심화시키는 양적인 성장보다는 균형적인 발전을 추구하려는 질적인 성장에 대한 국민들의 요구도 커지게 되었다. 또한 경제성장도 경제성장 그 자체가 목적이 아니고 성장과정에 있어서의 공정한 경쟁과 성장과실의 적정배분이 보다 강조되었다.

이러한 상황 하에서 사회의 급속한 발전과 국민의식 수준의 향상에 따라 사회복지 등에 대한 새로운 요구가 분출되고 다양화되어 가는 추세를 보이게 됨에 따라 이러한 제반 욕구를 충족시켜 줄 새로운 경제 및 사회개발전략의 설정이 필요하게 되었다.

1.2. 개발전략의 선택

이상에서 언급한 사회적, 경제적 욕구를 충족시켜주기 위해서는 지속적으로 경제를 성장시키면서 과거 개발전략의 부작용으로 인하여 발생한 문제점들을 해소하는 방향으로 개발전략 내지 경제정책을 변화시키는 것이 요구되었다. 이와 같은 근저에서 출발한 것이 1980년대의 **경제 · 사회개발전략**이며, 이것은 경제안정화정책과 사회개발정책이라는 두 가지 정책으로 구성되어 있다.

① 경제안정화정책

경제안정화정책은 고용과 물가의 안정을 목표로 한다. 고용의 안정은 경제의 성장을 통한 고용의 증대 내지 일정수준의 유지를 의미하는 것이므로 이를 위해서는 지속적인 고도성장이 필요하며, 우리나라의 경우 이와 같은 성장을 유지하기 위해서는 성장의 동력이라고 할 수 있는 수출의 신장추세가 지속되어야 했다.

수출의 지속적인 증가를 위해서는 선진국의 보호무역 장벽을 극복할 수 있는 값싸고 기술집약적인 제품의 개발이 요구되는데, 이를 위해서는 재정,

금융 측면에서의 지원과 생산성의 향상뿐만 아니라, 새로운 기술의 개발이 필요하고 산업구조의 고도화도 요구되었다.

경제제도의 개선을 보면 금융산업의 자율화, 산업지원제도의 개편, 소비자보호제도의 강화 등을 통해 경쟁촉진제도의 발전을 추구하고 기업의 체질을 강화하도록 했다.

산업구조의 고도화를 위해서는 기술의 파급효과가 크고 고도의 기술집약적인 산업이라고 할 수 있는 기계 · 전자산업을 전략산업으로 선정하여 집중적으로 육성했다.

그리고 물가안정을 위해서는 우선 독과점기업에 의한 시장지배력을 약화시키고 경쟁을 촉진하기 위해 공정거래제도를 확립하며, 둘째 수입자유화계획으로 일부 품목에 대한 수입을 개방하며, 셋째 통화량의 증대에 따른 물가상승요인을 제거하기 위해 흑자 내지 균형예산을 확립하고자 했다.

② 사회개발정책

사회개발정책이란 그 동안 소외되어 왔던 부문을 보완하고 개선하려는 정책으로 구체적으로는 소득분배의 균형화와 국민복지의 확대를 추구하는 정책이다.

소득분배문제는 고도성장의 과정에서 불균형의 정도가 점차 심화됨으로써 사회적인 문제로 대두되었는데, 경제성장에 따른 성장과실의 균등분배를 통한 소득분배의 균등화를 위하여 이를 왜곡시키는 주요 요인인 인플레이션을 억제시켜 물가안정을 통한 균등분배를 시도했다.

전반적인 소득수준의 향상과 상대적 빈곤의 해소 및 빈곤의 악순환을 제거하기 위하여 주택, 보건, 교육, 연금, 보험 등의 확대보급정책의 일환으로 제한적이나마 국민의료보험, 국민연금, 최저임금제 등과 같은 사회보장정책을 시행함으로써 소득분배의 균등화와 사회개발정책을 동시에 추진하게 되었으며 여기에 도로, 통신 등 사회간접자본의 확충을 통해 지역간 균형발전을 위한 기초를 마련하고자 했다.

2. 제5차 경제사회발전 5개년계획(1981～1986)

2.1. 배경 및 취지

1980년대의 경제정책의 방향은 위에서 언급된 경제적·사회적 여건의 악화에 따라 그 동안의 성장우선정책을 지양하고 안정우선정책을 통하여 지속적인 성장기반을 다져가면서 경제체질을 개선하는 동시에 사회개발에도 역점을 두는 것으로 전개되었다.

따라서 제5차 경제개발 5개년계획은 1980～1981년의 물가앙등과 국제수지의 악화 그리고 저성장이라는 위기적 상황을 전제하여 경제정책의 기조를 성장 위주에서 안정화로 전환하는 한편, 정부주도의 경제운용 방식을 시장중심의 자율경제체제로 전환하는 방향으로 수립되었다.

2.2. 기본목표

제5차 경제개발 5개년계획은 안정·능률·균형의 기조 하에 다음과 같은 기본목표를 설정했다.

첫째, 경제안정 기반의 정착으로 국민생활을 안정시키고 경쟁력 강화에 의해 국제수지를 개선시킨다.

둘째, 지속적인 성장기반의 공고화로 고용기회의 확대와 소득증대를 실현시킨다.

셋째, 소득 계층간·지역간 균형발전(사회개발의 확대)을 통하여 국민복지의 증진을 실현한다.

2.3. 주요 정책

- 국내물가 불안요인을 안정시키고 해외인플레이션 요인을 최대한 흡수함으로써 안정 기조의 정착
- 수출의 지속적 성장과 국내저축의 획기적 증대를 통하여 국제수지개선 촉진
- 기술혁신 및 민간설비투자를 촉진시켜 7～8%의 성장을 이룩함으로써 매년 45만 명 내외의 고용창출

- 민간의 자율과 창의가 최대한 발휘될 수 있도록 시장경쟁여건의 조성에 주력
- 기술혁신을 위한 집중적 노력과 중소부품공업의 육성으로 산업의 전반적인 경쟁력 강화
- 농업의 생산성을 향상시키고 농·어민 소득증대에 주력
- 전 산업에 걸쳐 에너지절약 및 이용합리화 시책을 강화
- 수도권 집중을 완화하고 지역개발을 촉진
- 우리의 발전단계와 능력에 부합되는 사회복지제도의 발전
- 기회의 균등과 투기의 근절로 성실하고 창의적인 사람이 정당하게 대우받는 사회적 환경의 조성

2.4. 성과와 문제점

제5차 경제개발 5개년계획은 계획목표치를 초과하는 연평균 경제성장률 10.3% 달성하는 성과를 거두었다. 산업구조면에서는 1986년의 경우 농림수산업 11.5%, 제조업 32.6%, 사회간접자본 및 기타 서비스업이 55.9%로 한층 고도화되었다.

무역 및 국제수지의 경우는 계획기간 중 경상수지 적자는 1982년의 26억 4,690만 달러를 정점으로 매년 감소하여 1986년에는 46억 1,700만 달러의 흑자를 기록하는 큰 성과를 거두었다(<표 8>참조).

제5차 경제개발 5개년계획의 성과 가운데 가장 높이 평가되어야 할 것은 물가의 안정이다. 1980～1981년에 20%를 상회하던 높은 물가상승률은 계획기간 중 도매물가 기준으로 연평균 0.8%씩 상승하는 데 그쳤으며, 특히 1986년에는 -2.2.% 상승이라는 기록적인 물가안정을 나타냈다.

고도성장과정에서 파생된 고질적인 병폐인 악성인플레이션과 국제수지의 적자문제가 크게 개선되었다는 큰 성과에도 불구하고 제5차 경제개발 5개년계획이 갖는 다음과 같은 문제점들을 지적하지 않을 수 없다.

첫째, 이 시기에 선진국들은 자국의 농업보호정책 및 시장개방 압력을 본격화 시켰는데, 이러한 대외 경제여건의 변화에 적절히 대응하지 못했다.

둘째, 복지문제의 해결을 주요 정책과제로 제기했음에도 불구하고 근로계층의 복지향상은 선언적 지침이나 형식적 노사관계의 안정에 그쳤을 뿐 구체적인 대안을 제시하지는 못했다.

셋째, 산업의 체질강화를 위한 경쟁원리의 도입과 정부규제의 완화 그리고 기술개발투자의 촉진 등의 성과에도 불구하고 기계류, 부품 및 소재의 대일(對日)의존도는 더욱 심화되었다. 또한 경제력 집중의 완화를 위한 제도적 장치의 미비로 대기업을 중심으로 한 계열기업의 확장을 초래했다.

넷째, 농산물의 수입개방과 농외소득 확대를 표방하는 개방농업정책으로 전환한 이래 농업의 침체는 지속되었다. 농업성장의 부진에 의해 농가부채는 급증했고 노동 간의 격차는 더욱 커졌으며, 식량의 자급률도 1965년의 93.3%에서 1987년에는 41.3%로 급격히 낮아졌다.

<표 8> 제5차 경제사회발전 5개년계획의 주요 성과

(단위: %, 백만 달러)

	1986년		1982~86년 평균	
	계획	실적	계획	실적
경제성장률	7.5	12.9	7.5	10.3
인구증가율	1.49	1.00	1.53	1.12
투자율	29.5	28.9	29.1	29.4
산업구조				
농림수산업	12.2	11.5	12.8	12.4
광공업	31.0	32.6	30.5	31.9
사회간접·서비스업	56.9	55.9	56.7	55.7
경상수지	400	4,617	-300	78.6
수출	35,700	34,714	-	-
수입	35,100	31,585	-	-

출처: 한국개발연구원(1995), 「정책자료집-한국경제 반세기」에서 재구성.

3. 제6차 경제사회발전 5개년계획(1987~1991)

3.1. 배경 및 취지

제6차 경제사회발전 5개년계획은 선진국의 보호무역주의와 개방요구의 증대라는 대외적인 여건의 변화와 대내적으로는 부문간·지역간 균형 있는 발전의 요구와 복지의 평준화라는 당시의 상황을 배경으로 수립되었다.

따라서 제5차 경제개발 5개년계획 기간 동안 국제여건의 변화에 따른 불확실성의 시기에 물가안정을 확고히 정착시키고 국제수지를 흑자로 전환시켜 외채 없는 자력성장시대의 실현과 '능률과 형평을 토대로 한 경제선진화와 국민복지의 증진'을 기본이념으로 21세기에 선진사회에 진입할 수 있는 확고한 토대를 구축하는 데 중점을 두었다.

이와 같은 제6차 계획은 시행 1년 후 대폭적인 수정이 불가피했는데, 계획 초기 경제성장, 국제수지, 국내저축 등 대부분이 목표치를 크게 상회하여 주요 총량지표의 수정이 불가피하게 되었기 때문이다. 또한 정치적 민주화에 상응하는 경제민주화의 기대가 확대됨에 따라 경제의 양적 성장으로부터 질적 발전으로의 전환도 요구되었으며, 원화의 평가절상 및 시장개방 압력이 점증함에 따라 산업의 구조조정 필요성도 증대되었다. 따라서 국제수지 흑자의 적정관리 등 안정기조의 유지를 위한 확고한 대응방안의 마련이 절실해졌다.

3.2. 기본목표

제6차 경제사회발전 5개년계획은 자율·안정·복지의 조화라는 기조 하에 다음과 같은 기본목표를 설정했다.

첫째, 경제운용의 형평성 제고와 공정성을 확보한다.

둘째, 경제의 균형발전과 서민생활의 향상을 도모한다.

셋째, 경제의 개방화와 국제화를 추진한다.

3.3. 주요 정책

- 조세부담의 형평제고를 위한 세제개혁과 복지기능을 뒷받침하기 위한 재정구조의 개편

· 부동산투기 억제와 토지제도 개선
· 금융자율화의 추진
· 경제력 집중의 완화와 공정거래제도의 강화
· 자율적이고 미래지향적인 노사관계질서의 정착
· 농어민 소득증대와 농어촌 생활환경의 개선
· 근로자와 도시서민의 주택난 완화
· 영세민의 자녀교육과 주거환경의 개선에 대한 지원향상
· 의료, 연금 등 사회보장제도의 확충
· 지역 간 균형개발과 지방공업육성
· 영세상인의 보호육성과 유통근대화
· 국제수지 흑자시대에 상응하는 국내제도 및 체제의 개선
· 수출산업구조의 고도화와 수출시장 다변화
· 대(對) 개도국 경제협력 증진 및 해외투자의 확대

3.4. 성과와 문제점

제6차 경제사회발전 5개년계획은 계획기간 중 연평균 10% 수준의 높은 경제성장률을 달성했다. 1986년 흑자로 전환된 경상수지는 1988년 142억 달러의 최고 수준을 기록하다가 시장개방 압력, 원화의 절상, 임금인상에 따른 산업경쟁력의 약화 등으로 1990년 다시 적자로 반전되어 1991년에는 87억 달러의 적자를 기록했다. 산업구조의 변화를 보면 농림어업은 지속적으로 비중이 감소추세를 보인 반면, 3차 산업의 비중은 증가했다. 광공업 가운데 제조업의 비중은 1988년 32.5%로 정점에 도달했는데, 특히 정밀기계, 반도체, 컴퓨터 등 전자 및 정보통신산업이 크게 성장했다(<표 9> 참조). 1980년대 후반의 고성장과 국제수지 흑자의 지속은 국민생활 수준을 크게 개선하는데 기여해 우리나라에도 이른바 고도 대중소비단계가 본격적으로 전개되었다.

그러나 3저 현상에 따른 호황으로 인한 여유자금은 사회간접자본이나 설비기술, 기술개발투자에 투입되지 않고 부동산투기와 과소비로 흘러들어 갔는데, 망국적인 부동산투기는 불로소득을 창출함으로써 근로의욕의 저하와 소득분배의 왜곡을 가져다주었다.

<표 9> 제6차 경제사회발전 5개년계획의 주요 성과

(단위: %, 억 달러)

	1991년		1987~91년 평균	
	계획	실적	계획	실적
경제성장률	7.0	8.4	7.3	9.9
인구증가율	1.13	0.93	1.20	0.98
투자율	31.6	39.2	29.1	29.4
산업구조				
농림수산업	10.6	8.5	-	-
광공업	32.7	29.2	-	-
사회간접・서비스업	56.7	62.3	-	-
경상수지	60	-87	-	-
수출	544	719	-	-
수입	489	815	-	-

출처: 한국개발연구원(1995), 「정책자료집-한국경제 반세기」에서 재구성.

4. 평가

두 차례의 유류파동으로 세계경제가 침체상태에 빠지게 되자 선진 각국들은 자국의 산업을 보호하기 위해 보호무역정책을 강화하게 되고 이에 따라 전 세계적인 경제불황이 심화되어 1980년대 초에 추진된 각종 정책의 성과는 부진했다고 평가할 수 있다. 또한 산업구조의 고도화를 위한 노력도 기술이전이 원활하지 못하여 성공적이지 못했다.

그러나 경제체질을 개선하기 위한 정부의 여러 가지 노력은 1985년 하반기부터 결실을 얻을 수 있었으며, 이는 이 시기에 맞이한 3저 현상(저유가, 저금리, 달러가치의 하락)으로 그 효과가 더욱 크게 나타났다.

국제유가의 하락은 세계경제에 커다란 활력을 불어넣게 되어 세계경제가 회복되는 결정적인 계기가 되었다. 유가하락은 국내의 에너지 도입 부담을 절감시켜 주었고 국제경제환경의 호전으로 인한 수출의 증대는 국내경제의 활성화에도 크게 기여했다. 그리고 국제금리의 하락은 외채로 인한 이자부담을 경감시켰으며, 달러가치의 하락은 상대적으로 일본의 엔화가치의 상승을 가져와 우리 상품의 가격경쟁력을 강화시켜 수출의 증대를 초래했다.

이러한 성과에도 불구하고 국내경제 부문에서는 저물가 체제에 적응하지 못한 일부 기업이 부실화되는 사례가 발생했으며, 기계·부품 및 소재의 국산화가 부진함에 따라 대일 무역적자가 크게 확대되기도 했다.

기업자체의 재무구조 개선노력도 미흡하여 부채비율이 선진국 수준에 비해 매우 높은 수준을 나타냈고 재벌의 문어발식 경영, 불투명한 경영관리 등과 같은 불공정한 관행에 대한 규제도 미흡했다. 끝으로 경제성장 과정에서 지속적으로 거론되었던 부동산투기 문제가 이 시기에도 경제의 안정과 균형적인 소득분배에 부정적으로 작용했다.

V. 1990년대의 한국경제

1. 경제적 여건과 개발전략의 선택

1.1. 경제적 여건

1990년대 들어서면서 대내외적인 경제적 환경은 이전의 시기와는 여러 측면에서 다르게 전개되었다. 대외적으로는 이데올로기 분쟁의 퇴조와 군비축소의 추세 속에서 세계 각국은 자국의 경제적 실리추구와 기술개발경쟁을 가속화시켰다. 그와 동시에 우리 경제는 **우루과이라운드(Uruguay Round)**의[59]

59) 관세 및 무역에 관한 일반 협정(GATT)의 제8차 다자간 무역협상으로 과거 7차례의 다자간 협상과의 차이점은 우루과이라운드(UR)가 새로운 시대상황에 맞추어 매우 광범한 의제를 다루었다는 점이다. UR협상은 상품그룹협상과 서비스협상을 양축으로 하여 15개의 의제로 구성되었다. 이 의제의 특성을 살펴보면, 첫째, GATT 체제의 확대와 관련된 것으로, 우선 농산물·섬유류 교역이 있다. 이것은 그동안 GATT체제 밖에 있었으나 UR를 통해 GATT체제로 복귀하거나 흡수된 것이다. 다른 하나는 서비스, 무역관련 투자조치, 무역관련 지적재산권 등을 들 수 있는데, 이들 의제는 GATT 다자간 협상의제에 처음으로 채택되었다. 둘째, GATT체제의 정비와 관련된 것이다. 여기에는 종전까지 현실에서 상당 부분 훼손되었던 GATT 규범을 재 복원하고, 경우에 따라 현실에 맞게 새롭게 수정하는 데 중점을 둔 의제가 포함되었다. 예를 들면 세이프가드, 보조금 상계관세, 반덤핑관세 등이 여기

타결에 따른 세계 교역질서의 재편, 경제의 블록화 등과 같은 국제적인 경제환경의 변화는 물론 국내적으로도 지방자치제의 실시와 같은 민주화, 자율화의 추진에 따라 많은 질적인 변화에 직면하게 되었다. 따라서 한국경제는 국제적으로 무한경쟁시대와 거센 개방화의 압력에 따라 국내시장의 개방과 기업의 체질개선 등과 같은 상황에 직면해 생존을 위한 노력을 경주하지 않을 수 없었다.

1990년대는 세계화의 추세 속에서 점점 심화되는 국제경쟁을 자율과 시장에 입각한 새로운 경제적 패러다임을 통해 극복하고 통일의 기반을 다지는 과제를 우리에게 부여했던 것이다.

1.2. 개발전략의 선택

이 시기의 경제정책과 관련하여 많은 사람들은 지금까지의 정부주도에 의한 계획경제와 수출위주의 한국형 경제개발전략으로는 민간경제부문의 규모와 활동범위가 크게 확대된 상황에서 성공할 수 없다고 판단했다. 따라서 경제에 대해서는 정부의 위치가 기존의 통제자적 입장에서 조정자 내지 관리자의 위치로 전환해 이를 조정 · 관리하는 형태로 변화되었다.

1990년대의 경제정책은 특정 산업을 집중 육성하는 형태가 아니라 그 동안의 경제개발과 고도성장을 위해 기업에 대한 과잉보호와 과잉규제를 병행해 오는 과정에서 우리 경제의 체질 자체가 허약해졌고, 관행과 제도가 양적인 성장에 걸맞게 개선되지 못하고 낙후된 상태로 남아 있으며 또한 경제의 내실을 다지는 데 상대적으로 안이했음을 인식하고 이를 개선, 강화하는 방향으로 전환되었다고 할 수 있다.

에 속한다. 셋째, GATT체제의 강화와 관련된 것으로, 각료급의 GATT 참여 확대, GATT와 국제통화 및 금융기구와의 관계 강화를 다루는 GATT 기능 강화가 대표적이다. 또한 당초의 협상의제에 포함되어 있지 않은 세계무역기구(WTO)의 설립 합의도 이 범주에 포함되었다. 이것은 협정수준에 머물러 있던 GATT의 집행력을 강화시키는 데 일차적인 목적이 있다. 1986년 9월 우루과이에서 첫 회합이 열린 이래 여러 차례의 협상을 거쳐 1993년 12월에 타결되었고, 1995년부터 발효되었다. 그 결과로 세계무역기구가 출범했다.

따라서 경제정책의 방향은 성장과 안정을 적절히 조화시키면서 국제화와 균형 있는 분배를 통해 우리 경제의 내실을 다지는 형태라고 볼 수 있다.

2. 제7차 경제사회발전 5개년계획(1992～1996)

2.1. 배경 및 취지

한국은 지난 30년간 6차례에 걸쳐 추진된 경제개발 5개년계획을 통해 괄목할 만한 성장을 이룩했으며 개발단계에서 정부주도 하에 계획을 수립·실행해 왔으나, 경제규모의 확대와 자율과 개방이라는 경제적 여건의 변화에 의해 정부주도에 의한 성장은 한계에 봉착하게 되었다.

이러한 문제를 해결하기 위해 민간의 역량을 존중하는 유도계획으로 전환하고, 정부와 민간이 공동으로 추진하는 방향을 지향하며 21세기 경제·사회의 선진화와 민족통일을 지향하기 위해 정부는 제7차 경제사회개발 5개년계획을 수립하게 되었다.

2.2. 기본목표

제7차 경제사회발전 5개년계획은 다음과 같은 기본목표를 설정했다.

첫째, 산업의 경쟁력 강화인데, 이는 치열한 국제경쟁에 대처하면서 물가안정과 국제수지 균형을 구조적으로 정착시켜 나가기 위한 것이다.

둘째, 사회적 형평제고와 균형발전을 실현한다.

셋째, 국제화·자율화의 추진과 통일기반을 조성한다.

2.3. 주요 정책

· 산업사회에 부응하는 교육 및 인력양성제도의 개편
· 기술혁신과 정보화 촉진
· 사회간접자본의 확충과 수송체계의 효율화
· 기업경영 및 산업조직의 효율화와 중소기업의 경쟁력 강화
· 농어촌 구조개선과 지역균형발전

· 주거 및 환경문제에의 적극적 대처
· 사회보장제도의 확충과 정신문화의 창달
· 자율화의 적극적인 추진과 정부기능의 재정립
· 경제개방의 확산 · 발전
· 남북교류협력을 통한 통일기반조성

2.4. 성과와 문제점

제7차 경제사회발전 5개년계획 첫 시행연도인 1992년의 경제성장률은 4.7%로 1980년 이후 가장 낮은 수준을 기록했다. 이는 1980년대 후반부터 추진된 구조조정이 별 다른 성과를 거두지 못한 결과라고 볼 수 있는데, 특히 제조업의 경쟁력이 뚜렷이 약화되어 1992년 제조업의 비중은 28.1%로 저하되었다. 또한 수입개방의 진행으로 경상수지도 마이너스 45억 달러를 기록해 1990년 이래 적자를 벗어나지 못했는데, 경상수지 적자의 확대는 경제의 활력 저하로 이어졌고 중소기업의 부도가 증가했으며 설비투자의 증가율도 마이너스를 기록하면서 실업자의 수도 증가했다. 정치적 민주화의 후유증과 투기적 불로소득에 의한 소득분배의 왜곡 그리고 경제활력의 저하는 마침내 사회적 · 경제적 위기감을 증대시켰다.

3. 신경제 5개년계획(1993∼1997)

3.1. 배경 및 취지

이러한 위기상황에서 새로이 출범한 문민정부는 위기극복의 방안으로 기존의 경제발전계획을 대신한 **신경제 5개년계획**을 추진했다. 신경제 5개년계획은 경제에 새로운 활력을 불어넣고 모든 국민의 자발심과 창의력을 바탕으로 선진경제의 건설을 지향했다.

신경제의 추진은 과거의 개발시대에 경제발전의 원동력이었던 정부의 지시와 통제에 의한 경제 운용은 경제의 규모가 커지고 구조도 다양화됨에 따라 점차 한계에 이르게 되었다는 인식에서 비롯되었다.

또한 정치적 민주화로 인해 자주적 시민의식도 성숙되어 국민의 자발적인 참여와 능동적인 창의력의 발휘 없이는 효율적인 경제발전을 이루기 어렵게 되었다. 따라서 신경제는 정부와 민간이 함께 만들어 가는 경제를 의미한다고 볼 수 있다.

3.2. 기본목표

이러한 배경 하에서 추진된 신경제 5개년계획은 다음과 같은 기본목표를 설정했다.

첫째, 한국경제를 선진 경제권으로 끌어 올린다. 이를 위해서 경제의 구조와 체질을 강화시킨다.

둘째, 통일에 대비하여 그 비용을 감내할 수 있는 경제적 기반을 갖춘다.

3.3. 주요 내용

신경제 5개년계획의 주요 내용은 다음과 같이 크게 두 가지로 요약될 수 있다.

첫째, 경제개혁이다. 경제개혁은 다시 경제제도의 개혁과 더불어 경제의식의 개혁도 추진하는데, 우선 경제제도의 개혁은 국민의 자발적인 참여와 창의가 유발될 수 있도록 규제의 완화와 각 경제주체의 경제활동에 대한 정당한 보상이 보장되는 경제질서의 확립에 중점을 둔다. 경제의식의 개혁은 모든 경제주체가 개인적인 욕구분출과 집단이기주의의 발로를 억제하고 경제활동에 적극적으로 참여하고 능동적으로 창의력을 발휘하도록 지속적인 교육과 운동을 전개하는 것이다.

둘째, 성장잠재력을 강화하고 국제시장 기반을 확충하며 국민생활 여건을 개선함으로써 경제발전의 원동력을 창출하여 선진경제로 진입하는 방안을 강구하는 것이다. 이를 위해서는 다음과 같은 정책들을 추진하기로 했다.

- 기술·지식집약산업 구조로의 전환
- 기술개발 및 정보화의 촉진
- 공정 경쟁질서의 정착
- 중소기업 및 농어업 육성

· 인력개발 및 노사관계의 안정
· 국토의 효율적 이용 및 사회간접자본의 확충
· 개방화 · 국제화를 능동적으로 추진
· 개발도상국에 대한 협력강화와 남북경제교류 및 협력의 활성화
· 주택의 공급확대와 가격안정
· 대중교통의 확충
· 환경오염의 최소화 및 환경기초시설의 확충
· 시회복지제도의 개선을 통한 사회복지수준의 향상

3.4. 성과와 문제점

신경제 5개년계획 첫 시행연도인 1993년의 경제성장률은 5.0%로 계획된 7.0%에 크게 미달했다. 계획의 최종 연도인 1997년 1만 2천 달러를 넘을 것으로 예상했던 1인당 소득은 1만 달러에 그쳤으며 국제수지도 82억 달러라는 큰 폭의 적자를 기록했고 물가도 계획치 보다 2배 정도 상승했다(<표 10> 참조).

<표 10> 신경제 5개년계획의 주요 성과(1997년)

	계획	실적		계획	실적
경제성장률 (%)	7.0	5.0	**경상수지** (억 달러)	37	-82
1인당 GNP (달러)	12,305	10,307	**수출** (억 달러)	1,226	1,386
총외채 (억 달러)	-	1,544	**수입** (억 달러)	1,161	1,418
소비자물가 (%)	3.2	6.6	**총투자율** (%)	36.2	34.4

출처: 대한민국정부, 「경제(사회) 개발(발전) 5개년계획」 각 연도에서 재구성.

그러나 이러한 외형상의 수치보다 내용이 더 큰 문제이다. 국민들의 자발적 동참을 유도하기 위한 고통분담의 논리도 흐려져서 임금인상을 억제하는데 치중했고, 기업을 겨냥한 개혁조치들도 대부분 실천에 옮겨지지 못했다. 또한 세계경제 질서의 재편에 대한 대처도 미숙하여 우루과이라운드 협상에서 쌀을 제외한 농산물의 전면적 개방, 서비스 시장의 개방을 허용했고, 경제협력개발기구(OECD)에의 무리한 가입도 개방을 촉진시키는 결과를 가져왔다.

이러한 상황 하에서 국내외적 여건을 면밀히 검토하여 견실한 구조를 다져야 할 기업들은 용이해진 자금조달의 기회를 기업팽창의 수단으로 생각하는 관행에서 벗어나지 못해 해외에서 단기자금을 끌어 들여 장기사업에 투자했다. 이러한 한국경제는 결국 외화보유고가 바닥이 나면서 채무불능의 상태에 빠져 1997년 말 국제통화기금(IMF)의 구제금융을 받아야만 하는 처지에 놓이게 되었다.

4. 평가

1960년대 이후 시작된 경제의 고도성장은 그 동안의 국내외적인 여건에 따라 침체기를 경험하기도 했으나 1980년대의 3저 현상으로 계속된 호황과 더불어 대체로 1997년 11월의 외환위기를 맞이할 때까지 지속되었다고 볼 수 있다.

이에 따라 경제규모는 크게 확대되어 국민소득수준은 큰 폭으로 향상되었고, 실업률은 거의 완전고용수준에 근접했다. 수출입의 규모도 증가하여 전세계무역의 3～4%를 차지할 정도로 확대되었고, 국외여행의 자유화와 OECD 가입에 따라 국내시장의 개방에 따른 외국자본과 상품의 유입도 빠른 속도로 진행되었다. 또한 지속적인 해외투자의 확대로 한국에 대한 국제적 위상의 향상도 이루어짐에 따라 국민들은 우리 경제가 선진국 수준에 진입하게 되었다는 착각에 빠져 풍요로움을 더욱 만끽하고 있었다.

그러나 이러한 지속적인 성장 속에서도 단기간의 개발에 따른 각종 물가의 계속적인 상승과 노동생산성의 향상을 상회하는 임금의 상승과 노사분규 그리고 정부와 기업 및 국민들의 무절제한 과소비, 누적되는 국제수지 적자, 재벌기업의 과도한 기업집중, 정경유착과 이에 따른 부실기업에 대한 대출의 증가, 재벌기업에 대한 은행대출의 과도한 편중 등과 같이 생산활동의 효율성 제고와 기업의 구조개혁을 등한시하는 부정적인 측면도 표출되었지만 이를 간과했다.

이러한 가운데 1990년대 중반 이후 국내외의 경제적 여건은 점차 악화되기 시작했으며 1997년에 들어서면서 경기의 불황으로 인해 도산하는 기업들이 나타나기 시작했다. 그러나 정부와 기업 및 대다수의 국민들은 이러한 현상이 얼마나 심각한 수준으로 진행될 것이며 또한 이러한 것들이 의미하는 바가 무엇인지 인지하지 못하는 상태에 있었으며 이러한 와중에 외환위기를 맞이하게 되었다.

1997년 11월에 발생한 외환위기는 지금까지의 모든 성장의 성과를 소멸시키는 방향으로 작용하여 경제뿐만 아니라, 사회 · 정치 · 문화 등의 모든 부문에 걸쳐 심각한 악영향을 미쳤다. 외환위기로 인한 경기의 급속한 침체와 이에 따른 국민소득의 현저한 감소, 150만 명 이상에 이르는 대량실업, 고금리와 자금부족, 은행들의 자기자본비율(BIS) 기준유지를 위한 대출중단, 소비수요의 격감, 기업의 도산, 증권가격의 폭락, 부동산시장의 침체, 원화가치의 하락 등의 양상이 표출되었던 것이다.

VI. 경제위기 이후의 한국경제

1997년 말 한국경제가 국제통화기금(IMF)의 관리체제하에 들어가기 전까지만 하더라도, 많은 학자들은 한국의 경제성장을 대만, 홍콩, 싱가포르 등 다른 동아시아의 신흥공업국들의 경제성장과 함께 하나의 기적으로 보았다. 특히 한국은 1965년부터 1996년까지 30여 년 동안 연평균 9%에 가까운 경제성장률을 기록하였고, 1990년 초에는 1인당 국민소득도 1만 달러를 넘어섰다. 교역량은 세계 11～12위의 규모였으며, 반도체 생산량도 세계 3위를 차지하고 있었다.

이와 같은 급속한 경제발전을 성취한 한국은 1990년대 세계화 · 개방화의 추세에 따라 세계무역기구(WTO)와 경제협력개발기구(OECD)에 가입하면서 자본시장과 무역시장을 개방했는데, 이것이 한국경제의 구조적 취약성을 드러내는 계기가 되어 1997년 11월 한국경제는 외환위기 속에서 IMF의 관리체제로 들어가게 되었다.

1. 경제위기의 진단

1.1. 경제위기의 원인

한국에서 경제위기가 발생한 원인에 대한 논의는 매우 다양한 각도에서 이루어졌다. 일부 경제학자들은 환율에 의해 발생한 일시적 문제로 보거나, 신자유주의의 조류에 적응하지 못한 금융구조의 결과로 인식하기도 한다. 다른 한편으로는 정부관료의 무능과 부패, 기업간 중복투자와 과잉경쟁, 차입경영 그리고 은행경영의 불투명성 등을 지적하기도 한다. 이와는 달리 세계은행이나 IMF와 같은 국제기구의 잘못된 운영과 같은 대외적인 요인에 초점을 두는 견해도 있다. 이러한 각각의 입장은 모두 나름대로 부분적인 타당성을 갖는다고 볼 수 있다.

이와 같은 다양한 견해들을 종합하여 경제위기의 원인을 정리해보자. 결국 현재의 경제위기는 과거의 비민주적인 부패, 무능정권과 유착한 재벌기업들이 특혜 편중여신, 과다한 해외차입 등으로 금융기관의 자금을 독점하여 선단식 경영, 차입경영, 문어발식 경영, 과잉중복투자, 족벌경영 등의 방만한 기업운영으로 수익력의 약화, 과중한 금융비용 부담을 초래하여 연쇄적으로 도산하게 되면서 금융권은 부실 채권이 누적되고, 대외신인도가 추락하면서 더 이상의 해외차입이 곤란해진 결과로 요약될 수 있다. 그런데 이러한 분석은 한국의 경제위기를 국제적 요인으로서 자본의 유동성에서 찾거나, 국내적인 요인으로서 정부, 재벌기업, 금융기관이 보인 각각의 특징적인 면만을 지적하고 있다.

그러나 더욱 근본적인 원인은 경제규모의 급속한 성장에 비하여 정치적·경제적 민주화가 크게 뒤져왔었다는 사실에 있다고 생각된다. 경제발전의 초기단계에서는 정부주도의 계획과 강력한 통제가 효율적일 수 있다. 영국, 독일, 일본과 같은 선진 자본주의국가들도 산업화 초기에는 정부가 강력한 보호무역정책을 사용하는 등 주도적 역할을 하였으며, 구소련의 경우에도 스탈린의 독재체제 하에서 급속한 경제성장을 실현하였다. 우리나라도 예외일 수 없어 박정희 정권의 개발독재를 통하여 경제발전의 기틀이 마련되었다는 사실은 부인하기 어렵다.

그런데 일국의 경제성장이 일단 본 궤도에 진입한 이후 그 나라의 경제적 운명은 정치적·경제적 민주화의 정도에 달려 있다는 사실을 우리는 역사적 경험을 통해 확인할 수 있다.

오늘의 불행한 사태는, 박정희 정권 이후 민주적인 정부 대신에 전두환 군사정권이 권력을 찬탈하면서 시작되었고, 이 권력을 물려받은 노태우 정권과 이들과 손잡은 문민정부의 말기인 1997년 말 경제위기 직전까지 20년 가까운 세월동안 경제적 성장과 정치적·경제적 민주화의 격차가 더욱 심화되면서 필연적으로 초래된 것이다.

국가경제의 안정적 성장과 발전을 위해서는 이에 상응하는 정치적·경제적 민주화가 필수적 요건임은 두말할 나위가 없다. 오늘날 지구상에서 정치적·경제적 민주화가 제대로 이루어지지 않은 상태에서 안정적으로 경제적 부를 향유하고 있는 국가는 막대한 규모의 오일달러로 졸부가 된 중동지역의 몇몇 국가들뿐이다.

구소련과 동구권 국가들의 붕괴, 라틴아메리카 제국의 쇠락 그리고 경제위기에 처한 한국의 현실이 이를 잘 입증해 주고 있다. 이와는 대조적으로 미국과 유럽의 선진산업국가들이 산업화이후 안정적인 경제성장을 바탕으로 복지국가의 틀을 지속적으로 유지하고 있는 이유는 경제성장에 상응하는 정치적·경제적 민주화 또한 실현시켰기 때문이다.

정치적 민주화는 국민이 주인이 되는 정치체제의 구축을 의미한다는 사실은 상식에 속한다. 이에 못지않게 중요한 것은, 생산과 소비의 주체인 일반서민과 노동자들의 의견이 존중되어 이것이 여러 민주적인 제도를 통해 기업의 경영에 반영되고, 경영의 투명성이 보장되며, 기업경영의 성과도 구성원들에게 공정하게 분배되는 것을 의미하는 경제적 민주주의의 실현이다. 우리나라에서는 이러한 정치적·경제적 민주화가 급속한 경제성장을 따라주지 못했기 때문에 정경유착, 관료들의 과도한 규제와 통제, 소득분배구조의 극심한 불공정성, 자원의 비효율적 이용 등과 같은 폐해가 어김없이 나타나게 된 것이다. 따라서 당시의 경제적 위기는 이미 오래 전부터 예견된 필연적 현상으로 볼 수 있다.

1.2. 경제위기의 결과

IMF의 관리체제하에 들어간 한국의 경제는 최근까지도 소득분배 왜곡의 심화, 고용불안과 실업의 증대, 국내외 독점자본에 의한 핵심부문의 예속 등 우리 국민 대다수의 삶의 질을 악화시키는 결과를 초래하였다.

① 소득분배 불평등의 심화

경제위기로 인하여 중산층의 근로소득이 상대적으로 크게 감소하였고, 전국적으로 2만개가 넘는 기업이 도산함에 따라 실업자가 급증하여 소득분배구조가 크게 악화되었는데, 이로 인하여 중산층이 몰락하여 고소득층과 서민·빈민층으로 이원화되는 20:80의 사회로 가고 있다는 주장도 제기되었다.

우리나라의 소득분배 상황은 80년대 후반부터 점차 개선되는 추세를 나타내다가 경제위기 이후 급속도로 악화되었다. 소득불평등의 정도를 나타내기 위해 널리 사용되는 **지니계수(Gini's coefficient)**는[60] 0과 1사이의 값을 가지고 그 값이 1에 가까울수록 불평도가 높은데, 한국의 경우 90년대에는 0.30 이하를 유지하다가(96년 0.291), 98년에는 0.316으로 높아졌고 99년 1/4분기에는 0.333까지 악화되었다. 그리고 상위 20% 소득의 하위 20% 소득에 대한 비율을 나타내는 소득배율도 97년 4.49, 98년 5.41, 99년 5.85로 악화되었다. 또한 중소기업과 대기업의 임금격차도 더욱 확대되었다.

② 대량실업과 고용불안

경기침체에 따른 성장률의 저하, 산업구조 조정에 따른 기업의 퇴출과 인원감축으로 인한 대량실업 등은 우리 경제가 당면한 최대의 난제로 부각되었다.

---

60) 소득이 어느 정도 균등하게 분배되는가를 나타내는 소득분배의 불균형 수치로 0과 1 사이의 값을 가지는데, 값이 0에 가까울수록 소득분배의 불평등 정도가 낮다는 것을 의미한다. 보통 0.4가 넘으면 소득분배의 불평등 정도가 매우 심한 것으로 평가된다.

경제위기 이후 실업 규모는 급격히 증가하여 1999년 1/4분기에는 실업률이 8.4%로 정점을 기록한 후, 외환위기가 해소되고 경기가 다소 회복됨에 따라 감소하고 있지만, 2000년 이후 지속되고 있는 3.5% 내외의 실업률도 우리 경제의 수준이나 사회보장제도 등에 비추어 볼 때 여전히 부담스러운 수준이다.

대량실업의 문제와 함께 노동시장은 상당한 구조적 변화를 겪었는데, 그 중 대표적인 것이 고용구조의 악화, 특히 노동시장의 급속한 비정규직화라고 볼 수 있다.

비정규직 노동을 임금노동자 중에서도 상용 근로자를 제외한 임시직과 일용직만으로 볼 경우에도, 비정규직 노동은 경제위기 이전인 1996년에 43.4%를 기록한 이래 지속적인 증가 추세를 유지하여 2000년 말 당시에는 전체 임금노동자의 55.8%에 이르렀다.

비정규직의 확산이 문제가 되는 이유는 무엇보다도 이들의 고용이 매우 불안정하고 노동조건이 열악하기 때문이다. 비정규직은 대체로 단기고용이며 항상 해고의 위험에 노출되어 있다. 그리고 임금수준이 낮을 뿐만 아니라, 각종 수당이나 퇴직금도 없는 경우가 많고 사회보험이나 사내복지의 혜택도 없는 경우가 많다. 따라서 비정규직 노동자의 증가는 사회구성원의 삶의 질 저하를 의미한다.

③ 외국자본에 의한 핵심부문의 예속

외국인에 대한 투자규제의 완화조치로 인하여 외국자본의 직접투자가 급격히 증가하였는데, 대부분 수익성이 좋은 기업들을 대상으로 이루어졌다. 그러나 대부분 자산인수 형식으로 투자되었기 때문에 고용창출에는 별로 도움이 되지 않았다.

한편 주식시장에서는 외국인 소유한도가 철폐되면서 현재 국내 주식시장에서의 외국인 점유율은 30%를 상회하고 있으며, 이에 따른 富의 유출과 미국 증시와의 동조관계가 더욱 심화되고 있다. 그 결과 외국자본은 은행을 비롯한 대부분의 금융기관과 삼성전자, SK텔레콤, 포항제철 등 우량기업들의 최대 주주로 부각되었으며, 이와 같은 외국자본에 의한 핵심부문의 예속은 더욱 가속화되었다.

2. 신자유주의적 구조조정과 한국경제

1980년대에 외채위기를 맞은 다수의 제3세계 국가들은 미국을 비롯한 선진 채권국과 IMF의 압력에 굴복하여 이들이 강요하는 공기업의 민영화, 재정규모의 축소, 자국통화의 평가절하, 대외무역거래의 자유화, 자본시장의 개방, 노동시장의 유연화 등 신자유주의적 경제정책을 이행하지 않을 수 없었다. 이러한 신자유주의적 조류에 경제위기와 함께 IMF의 관리체제 하에 들어간 한국경제도 예외일 수 없었다.

이와 같이 한국이 심각한 경제적 위기에 처한 조건하에서 출범한 김대중 정부는 독점적 재벌기업을 육성한 관치경제에서 경제위기의 근원을 찾고, 국가개입을 배제하고 재벌지배체제를 개혁하여 시장질서를 확립한다는 내용의 신자유주의적 구조조정을 위기극복의 방안으로 제시하고 실행하였다. 그래서 정부는 기업, 공공, 금융, 노동 등 4대 부문의 개혁을 추진해 온 결과 일부 재벌독점체제의 완화, 외환보유고의 증대, 환율의 안정 등 부분적인 성과는 있었으나, 당시의 정부가 추진했던 4대 부문의 개혁에 대한 대다수 전문가들의 평가는 다음과 같이 부정적이다.

첫째, **기업부문**에서 정부는 '기업경영의 투명성 제고, 선진국 수준의 재무구조 추진, 핵심업종 중심의 강한 기업 유도, 계열회사 간 채무보증 관행의 불식, 경영진이 책임지는 풍토 강화'라는 5대 원칙을 앞세워 기업의 구조조정을 추진하였는데, 재벌개혁으로 이해될 수 있는 기업 구조조정의 결과는 매우 미흡하게 나타났다.

기업의 소유지배 구조의 개혁이 여전히 부진함에도 불구하고 투명한 기업경영을 위한 노동조합의 경영참여에 대해서는 기업뿐만 아니라 정부도 단호히 거부하는 입장을 취해 노사정간의 갈등은 더욱 심화되었다. 또한 빅딜의 과정에서 나타난 것처럼 재벌개혁이 무원칙적이었으며, 오히려 일부 대기업의 경우 독점체제가 더욱 강화되는 결과를 가져 왔다. 따라서 재벌체제의 구조적 모순이 사라지지 않는 한 재벌개혁의 필요성은 엄존하고 기업부문의 구조조정은 실패작이 될 수밖에 없는 것이다.

둘째, **공공부문**의 경우 공기업의 해외매각과 민영화 작업이 부진하거나 일관성이 결여된 채로 이루어져 4대 부문 개혁 가운데 가장 미흡한 것으로 평가되고 있다. 1998년 하반기부터 급속하게 추진된 공기업의 민영화 계획으로 인하여 많은 수의 소규모 공기업 및 자회사는 완전히 민영화되었고 거대 공기업의 민영화는 지분 매각방식으로 단계적으로 진행되었다.

공공부문 구조조정의 필요성이 공기업의 비효율성과 경직성, 관료주의 그리고 부정부패라는 폐해에서 비롯된 것이며, 이에 대한 개혁과 구조조정이 시급하다는 것은 부인할 수 없다. 그러나 이러한 폐해들은 사적 독점자본의 무절제한 이윤증식 욕구와 결합한 부패한 정부와의 정경유착과 정부의 관료주의적 통제에 의한 비효율성에서 비롯된 것이므로 신자유주의적 방식의 구조조정 외에는 대안이 없다는 주장은 수긍하기 어렵다.

기간산업을 담당하고 있는 공기업은 민영화와 함께 독점의 지배하에 들어가게 되어 독점적 가격지배, 독점적 초과이윤, 대량해고는 당연한 결과로 나타날 것이다. 그리고 계획된 주요 공기업의 민영화와 해외매각이 본격화 될 경우 국가기간산업조차 외국자본의 지배에 놓이게 되는 심각한 상황이 초래될 수 있을 것이다.

셋째, **금융부문**의 구조조정과 관련하여 정부는 부실 금융기관의 정리와 부실 채권의 해소, 금융규제의 완화와 금융 건전성 감독의 강화, 자본시장의 활성화, 자본시장의 대외개방이라고 하는 네 가지 주요 금융개혁을 급속하게 추진해 왔다.

자본시장의 활성화를 통한 자본배분의 효율화와 경영통제의 향상이라는 목적도 자본시장의 투기적 속성으로 인하여 자본배분이 비효율적으로 이루어지게 하고, 경영자에 대한 통제기능도 제대로 발휘할 수 없게 할 가능성이 있다. 또한 자본시장의 대외 개방으로 인하여 한국의 금융시장은 거의 완전하게 세계시장에 편입되어 주식시장, 은행, 부동산 등 한국자본에 대한 외국자본의 지배가 경제위기 이전과는 비교가 되지 않을 정도로 심화되었다.

끝으로, **노동부문**에서는 1998년 2월 제1차 노사정위원회에서 노동시장의 구조조정에 관한 합의사항을 도출하여 정리해고제, 근로자 파견제 등의 도입이 시작되는 등 변화된 노동시장의 규제완화가 진행되었다.

정부는 이러한 합의를 대타협이라고 선전했지만, 사용자와 정부는 합의사항을 준수하지 않고 노동자에게 불리한 노동시장의 유연화와 관련된 사항만을 강력히 추진하여 고용감소, 비정규직 노동자의 양산, 근로조건의 악화 등

노동자의 희생만 일방적으로 강요하는 방향으로 진행되어 지금까지도 노동계의 거센 반발을 사고 있다.

3. 경제환경의 변화

3.1. 세계화 · 개방화와 무한경쟁

21세기에는 정보화와 운송수단의 급속한 발달에 의해 세계화 · 개방화가 더욱 빠르게 진전되고 있다. 세계화 · 개방화는 과거의 국내시장 · 지역시장 내에서의 제한적인 경쟁을 세계 단일시장에서의 무한경쟁으로 전환시켜 세계일류만이 생존 · 번영할 수 있을 정도로 경쟁을 격화시켰다.

3.2. 지식 · 정보화의 진전

21세기에는 지식과 정보의 창출이 가속화되고 확산된 지식과 정보의 활용을 통하여 경제사회가 근본적으로 변화하고 있다. 지식 · 정보화시대의 경제에서는 종래의 자본, 노동 등 유형자본으로부터 무형의 지식자산과 혁신능력으로 국가의 경쟁력, 기업의 생산성, 노동시장에서 개인의 지위를 결정짓는 원천이 변화되고 있다. 지식 · 정보화 시대의 경제에서는 고기술산업, 정보통신, 전문서비스 산업 등과 같은 지식집약산업의 비중이 커지게 되는데, 이러한 지식 · 정보화 시대에서 경쟁력의 핵심적인 원천은 물적자원이 아니라, 인적자원이므로, 인적자원의 개발과 활용이 더욱 큰 중요성을 갖게 될 것이다.

3.3. 저성장 성숙경제로의 전환

21세기 우리 경제는 경제성장률이 선진산업국가의 경우와 같이 연평균 5% 내외에 머무르는 저성장 성숙경제로 전환될 것이다. 그리고 소비의 비중은 인구의 노령화, 소비패턴의 고급화, 여가의 증대 등으로 증가할 것으로 예상된다. 설비투자의 경우는 지식과 정보의 집약화를 위한 설비의 고도화, 연구개발을 포함하는 무형자산에 대한 투자가 활성화될 것이므로 현재보다 다소 증대할 것으로 예상된다.

수출은 장기적인 경기심체와 해외생산의 확대로, 수입은 다국적기업의 진출 및 국내산업의 수입대체의 영향으로 각각 증가세가 둔화될 것이다.

3.4. 산업구조의 변화

21세기에는 우리 경제의 산업구조가 서비스산업의 비중이 지속적으로 증대되는 방향으로 변화될 것이다. 제조업의 비중은 공장의 해외이전, 저부가가치 산업의 퇴조 등으로 전반적으로 낮아질 것으로 예상되지만, 제조업 가운데 기술·지식의 집약화가 상대적으로 빠른 전기·전자 및 자동차 산업은 지속적으로 성장할 것이다.

한편 서비스업의 경우 소득수준의 향상, 지식·정보화의 진전에 따라 금융서비스, 정보통신, 유통, 의료·보건 등의 업종이 빠른 속도로 성장할 것이며, 지금까지는 기업 내부에서 이루어졌던 경영·기술·마케팅 관련 컨설팅, 정보서비스, 법률자문 등의 서비스를 외주하는 경우가 확산되고 있어 기업을 상대로 하는 서비스산업의 비중도 증대할 것으로 예상된다.

4. 한국경제의 과제

한국경제가 IMF관리체제에 들어간 지도 10여년이 지나고 외환위기는 극복되었지만 아직도 그 영향은 경제의 곳곳에 남아있다. 더구나 최근에는 미국에서 비롯된 금융위기로 인해 1997년 당시 보다 더 심각할 수도 있는 경제위기에 직면해 있다. 현재의 경제위기를 극복하기 위한 구체적 대안을 몇 가지 제시해 보고자 한다.

무엇보다도 시급한 것은 갈수록 심화되고 있는 소득분배 왜곡현상의 시정이다. 부와 소득의 재분배는 자본주의적 경제불황을 완화하고 사회적 갈등을 해소하는 중요한 방안이다.

이를 위해서는 금융종합소득 등 불로소득에 대한 과세의 강화, 공공부문 투자의 확대, 사회안전망 확충 등의 조치가 필요하다.

둘째, 여전히 시정되지 않고 있는 재벌의 독점적 지위의 실질적 해소, 외국자본의 손으로 넘어간 기업과 금융기관의 사회적 소유의 확대, 외환시장에 대한 규제의 강화 등을 통하여 독점적인 국내외 자본으로부터 독립된 경제구조의 확립에 노력해야 한다.

셋째, 지식 · 정보화시대에 국가경쟁력의 강화를 위해서는 정보통신, 전자상거래, 콘텐츠, 반도체, 자동차, 신소재, 생명공학 등 소위 두뇌산업을 육성해야 하는데, 이에 필요한 인재양성을 위한 과감한 교육투자가 요구된다.

끝으로, 한국의 경제위기는 급속한 고도성장의 과정에서 형성된 부패한 관료주의에 의한 정경유착의 결과이기도 하다. 따라서 정부는 분권적이며 수평적인 관료조직으로의 전환, 고비용 정치구조의 타파, 정부와 사회의 여러 집단 간의 협력적 관계의 구축 등을 위한 제도적 장치의 마련에도 힘써야 할 것이다.

이상에서 본 바와 같이 IMF관리체제라는 초유의 경제위기는 한국사회에 엄청난 충격과 고통을 안겨 주었다. 외국자본에 의해 강요되어 추진되어 온 신자유주의적 구조조정은 오히려 소득분배 왜곡의 심화, 실업의 증대, 고용불안 등을 가져와 대다수의 국민들의 삶은 더욱 피폐해지고 정치적, 사회적 불안은 오히려 심화되고 있으며, 구조조정 자체도 지지부진하여 경제는 다시 위기를 맞고 있다. 구조조정의 과정에서 나타난 이러한 문제점은 **사회적 합의주의(societal corporatism)** 방식이 아니라, 대다수의 서민과 노동자들은 배제된 채 사용자 우위의 신자유주의적 구조조정 방식을 취해 온 결과이다. 일반국민들의 참여와 지지가 없는 구조조정은 결코 성공할 수 없다. 구조조정이 불가피하다면 노 · 사 · 정 3주체가 모두 능동적 주체가 되어 공동체가 파괴 또는 분열되지 않고 사회 구성원 전체의 삶의 질을 향상시키는 방향으로 진행되어야 할 것이다.

우리 민족은 최악의 여건 하에서도 세계 역사상 유래가 없는 눈부신 경제발전을 단기간에 성공시킨 우수한 능력을 갖고 있다. 현재의 매우 안타까운 현실 속에서도 우리가 처한 현실을 냉철하게 살펴보고 지금부터라도 국민 모두가 스스로의 잘못을 반성하고 이를 시정한다면, 지금의 위기와 난관은 오히려 전화위복의 기회가 되어 한국의 저력이 건재하다는 것을 다시 한 번 전세계에 알리는 계기가 반드시 올 것이라 믿는다.

참고 문헌

<국내문헌>

경제학대사전, 박영사, 1999.
김낙중, 『사회과학원론』, 한길사, 1986.
김대환, 『발전경제학』, 경문사, 1998.
김병태 外, 『한국경제의 전개과정』, 돌베개, 1981.
김용원, 『노동경제학의 이해』, 대구대학교출판부, 2007.
______, 『자본주의와 사회주의』, 대구대학교출판부, 2008.
김인철, 『경제발전론』, 박영사, 2001.
박 승, 『경제발전론』, 박영사, 2001.
변형윤·김대환(편역), 『제3세계의 경제발전 - 저개발과 종속』, 까치, 1980.
사회진보연대, 『신자유주의와 노동의 위기 : 불안정 노동 연구』, 문학과학사, 2000.
설봉식, 『경제발전론』, 형설출판사, 1988.
설봉식 外, 『세계화와 경제발전』, 형설출판사, 1995.
신태곤(편), 『한국경제론』, 법문사, 2001.
양종희 外(편), 『발전과 저발전의 비교사회학』, 나남, 1993.
어수봉, 『노동시장변화와 정책과제』, 한국노동연구원, 1991.
염홍철(편저), 『제3세계와 종속이론』, 한길사, 1980.
유갑수, 『후진국경제론』, 법문사, 1981.
윤진호·유철규(편), 『구조조정의 정치경제학과 21세기 한국경제』, 한국사회경제학회/한국사회과학 연구소, 2000.
이대근 外, 『세계화와 경제발전』, 형설출판사, 1995.
이석륜, 『새로운 한국경제발전사』, 나남출판, 2007.
이종원, 『한국경제론』, 해남, 2004.
이종원·유병규, 『한국경제의 발전과정과 미래』, 해남, 1998.
이환재, 「노사정 위원회의 본질과 민주노총의 대응」, 『경제위기, 신자유주의, 그리고 노동운동』, 현장에서 미래를, 1999.
임종철, 『한국경제연구』, 서울대학교출판부, 1999.

임현진, 『현대한국과 종속이론』, 서울대학교출판부, 1990.
재정경제부, 『경제백서』, 각 년도.
전철환, 『한국경제 성장과 위기의 순환』, 지식산업사, 2002.
정창영, 『경제발전론』, 법문사, 2000.
조용범, 『후진국경제론』, 법문사, 1981.
최영기·이장원(편), 『구조조정기의 국가와 노동』, 나무와 숲, 1998.
최영일, 『한국경제의 성장과 정책』, 박영사, 2004.
최충식, 『발전경제학』, 박영사, 1991.
한국경제발전학회, 『경제발전연구』, 각 년도.
학술단체협의회(편), 『자본주의 세계체제와 한국사회』, 한울, 1991.

<외국문헌>

Adelman, I./Morris, C., 『Economic Growth and Social Equity in Developing Countries』, Stanford University Press, Stanford, 1973.
Amin, S., 『Unequal Development』, Harvester, Sussex, 1977.
Ark, B., 『Economic Growth in the long run : a History of Empirical Evidence』, Edward Elgar Pub., 1997.
Balassa, B., 『The Newly Industrializing Countries in the World Economy』, Pergamon, Oxford, 1981.
Barba Navaretti, G., 『Labour Markets, Poverty and Development』, Clarendon Press, 1999.
Bhagwati, J., 『The Economics of Underdeveloped Countries』, McGraw-Hill, New York, 1966.
Blomström, M./Hettre, B., 『Development Theory in Transition』, Zed, London, 1984.
Carberg, M., 『International Economic Growth』, Physica-Verlag, 1997.
Chenery, H./Srinivasan, T.(eds), 『Handbook of Development Economics』, 1989.
Coricelli, F., 『New Theories in Growth and Development』, St. Martin's Press, 1998.

Cypher, J.M., 『The Process of Economic Development』, Routledge, 2004.

Fei, J./Ranis, G., 『Development of the Labor Surplus Economy』, Irwin, 1964.

Frank, A., 『Capitalism and Underdevelopment in Latin America』, Monthly Review Press, New York, 1967.

________ , 『Dependent Accumulation and Underdevelopment』, Macmillan, London, 1978.

Furtado, C., 『Obstacles to Development in Latin America』, Anchor Books, 1970.

Gerschenkron, A., 『Economic Backwardness in Historical Perspective』, Praeger, 1962.

Godo, Y., 『Development Economics : from the Poverty to the Wealth of Nations』, Oxford University Press, 2005.

Griffin, K., 『International Inequality and National Poverty』, Macmillan, 1978.

Handelman, H., 『The Challenge of Third World Development』, Pearson/Prentice Hall, 2006.

Hess, P.N., 『Economic Development : Theories, Evidence and Policies』, Dryden Press, 1997.

Higgins, B., 『Economic Development : Principles, Problems and Policies』, Norton, 1956.

Kalecki, M., 『Essays on Developing Economics』, Harvester, 1976.

Krueger, A., 『The Developmental Role of the Foreign Sector and Aid』, Harvard University Press, 1979.

Kuznets, S., 『Economic Growth and Structure』, Heinemann, 1966.

Lewis, W.A., 『The Theory of Economic Growth』, Allen & Unwin, 1955.

Lynn, S.R., 『Economic Development : Theory and Practice for a Divided World』, Prentice Hall, 2003.

Malecki, E.J., 『Technology and Economic Development : the Dynamics of Local, Regional and National Competitiveness』, Longman, 1997.

McMichael, P., 『Development and Social Change : a global Perspective』, Pine Forge Press, 2004.

Meier, G.M., 『Leading Issues in Economic Development』, Oxford University Press, 2000.

Myint, H., 『The Economics of Developing Countries』, Hutchinson, 1964.

Myrdal, G., 『Asia Drama』, Pantheon, 1968.

Perkins, D.H., 『Economics of Development』, W.W. Norton & Co., 2006.

Prebisch, R., 『The Economic Development of Latin America and its Principal Problems』, UN, 1950.

Przeworski, A., 『Democracy and Eevelopment : Political Institutions and Material Well-being in the World, 1950-1990』, Cambridge University Press, 2000.

Rostow, W.W., 『The Stages of Economic Growth』, Cambridge University Press, 1960.

Ruttan, V.W., 『Technology, Growth and Development : an Induced Innovation Perspective』, Oxford University Press, 2001.

Schumpeter, J., 『The Theory of Economic Development』, Harvard University Press, 1936.

Seers, D. (ed), 『Dependency Theory : A Critical Reassessment』, Printer, 1981.

Sohn, Chan-Hyun, 『Structural Reforms and Economic Development : Experiences of the Northeast Asia』, Korea Institute for International Economic Policy, 2003.

Stewart, F., 『Technology and Underdevelopment』, Macmillan, 1972.

Tinbergen, J., 『Jan Tinbergen Selected Papers』, North Holland, 1959.

Todaro, M.P., 『Economic Development』, Addison-Wesley Longgman, 2003.

Viner, J., 『Economic Development and International Trade』, Oxford University Press, 1953.

Wagner, N., 『Ökonomie der Entwicklungsländer : eine Einführung』, Gustav Fischer, 1983.

찾아보기

인명색인

사항색인

약 력

김 용 원

연세대학교 상경대학 경제학과 졸업 (경제학사)
독일 프랑크푸르트대학교(Uni. Frankfurt a.M.) 경제학 석사
(Diplom Volkswirte)
독일 프랑크푸르트대학교(Uni. Frankfurt a.M.) 경제학 박사
(Dr. rer. pol., 노동경제학 전공)
현재 : 대구대학교 경상대학 경제학과 교수
경북지방노동위원회 공익위원
행정고등고시 및 각종 국가공무원시험 위원

경제발전의 이해

1판 1쇄 / 2009년 2월 20일
1판 3쇄 / 2020년 2월 28일
저 자 / 김 용 원
발행인 / 김 상 호
발행처 / 대구대학교출판부
주소 · 경북 경산시 진량읍 대구대로 201
전화 · (053)850-5661～2 팩스 · (053)850-5669
인쇄처 / 씨앤씨드림애드
등 록 / 경산 제11호
정 가 / 22,000원
ISBN 978-89-7794-504-3-93320